SHODENSHA
SHINSHO

総合商社
――その「強さ」と、日本企業の「次」を探る

田中隆之

祥伝社新書

はじめに

二〇一六年三月期決算は、波乱に富《と》んだものとなった。総合商社の純利益ランキングが大きく入れ替わったのだ。それまで、ほぼ不動の1、2位の座を占《し》めていた三菱商事、三井物産が赤字に転落、代わって伊藤忠商事が一躍トップに躍《おど》り出た。その原因は、二〇一四年からの資源価格の大幅下落である。

図表1（5ページ）をみると、二〇〇五年頃から総合商社全体の利益が急拡大してきたことがわかる。その勢いは、二〇〇八年のリーマンショックを頂点とする世界金融危機でいったん鈍《にぶ》るものの、止まることはなかった。この間、伊藤忠商事は二〇一二年三月期から住友商事を抜いて3位に浮上、首位の座をうかがっていたようにもみえる。

一九九〇年代後半から二〇〇〇年代初頭にかけて、総合商社はビジネスの構造を大きく変化させ、それを支える経営上の諸改革と、バブル崩壊後の不良資産の処理を同時に行なった。この過程で、業界は7社に再編成されたが、幸運にもこの時期に資源価格が上昇し、総合商社全体の収益を押し上げた。とりわけ、合併・再編に巻き込まれずに、従来からの社名をキープした上位5社が、収益力の面で強みをみせ、隆盛を誇ってきた。なかでも、三菱商事、三井物産は、資源分野に強みを持っていた。これに対し、二〇〇〇年代以降の伊藤忠商事は、むしろ非資源分野への業務展開に力を入れてきた。そのコントラストが鮮明に表われたのが、この決算だった。

本書は、このようなカレントな動きだけを論じようとするものではない。

総合商社は日本独自の業態として知られ、戦後復興期や高度成長期の日本経済を牽引した企業群として、注目されてきた。単なる貿易の担い手であるだけでなく、外務省顔負けの情報収集機能を持ち、プロジェクトのオーガナイザー機能や、資金調達力を生かした投資機能を駆使して高収益を上げる企業群として、世界の関心を集めた。

そのため、「なぜ日本にだけ存在するのか」「その成立の条件は何か」などの問いが提起され、論争が繰り返されてきた。しかも、そうした問いに必ずしも決定的な答えが得られないなか、バブル崩壊後のリストラで復活した総合商社は、ビジネスの構造を大きく変化させている。われわれは、「総合商社とは何か」を、もう一度問うべき時点に立っているのだ。

図表1　総合商社の純利益推移

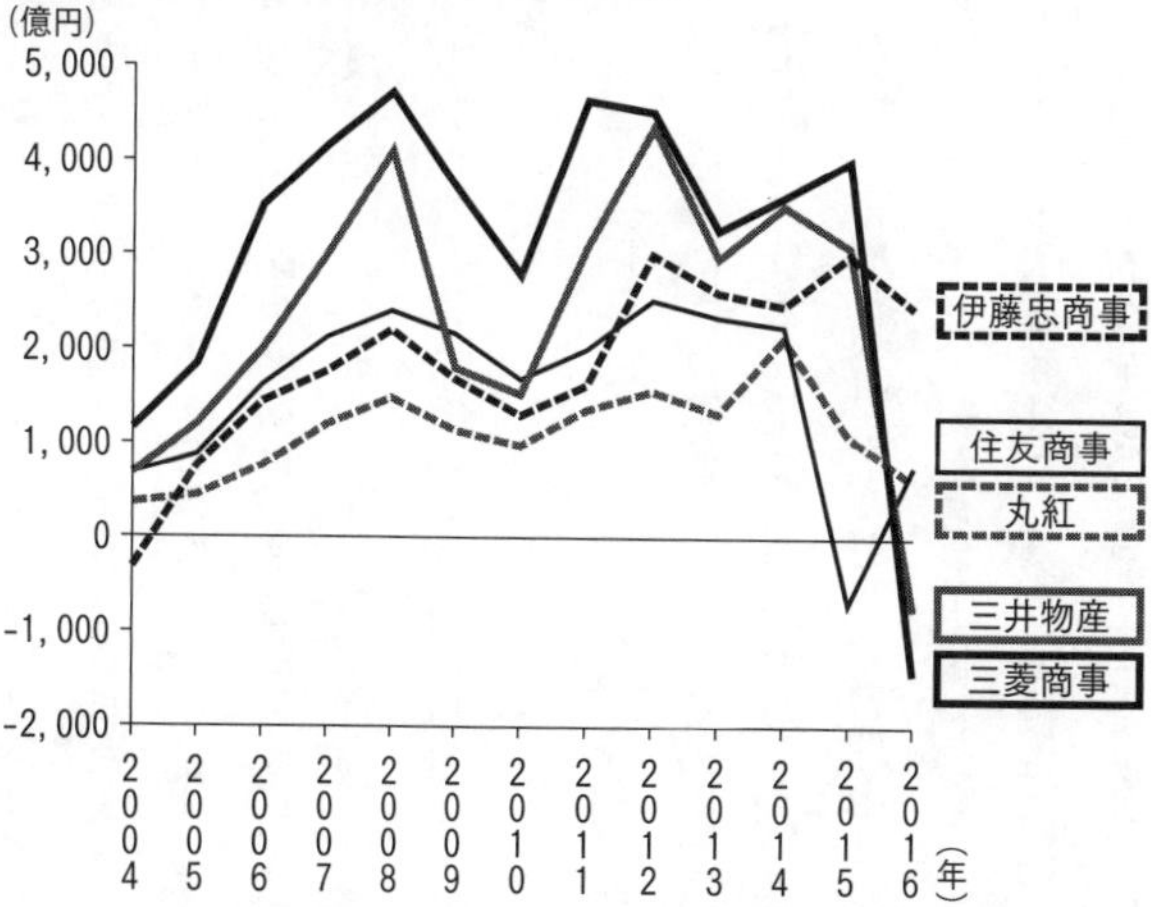

※各年3月期、連結親会社株主に帰属する当期純利益ベース。当初はSEC基準。住友商事は2010年、丸紅は2012年、その他は2013年3月期よりIFRS基準

(各社有価証券報告書より作成)

本書は、以下の点を明らかにしようとしている。

第1に、「総合商社とは何か」「なぜ日本にだけ発生したのか」という、古くて新しい命題に答える。「総合商社とは何か」の回答が難しいのは、一つには、総合商社が時代によって、その内実《ないじつ》を大きく変化させているからである。総合商社という固有の業態が生まれたのは、実は戦後である。戦前にも、三井物産、三菱商事のような総合商社と呼ぶことができる企業が存在していたが、経営環境が大きく異《こと》なるなか、戦後

のそれと同じものととらえるのには無理がある。そして、現在の総合商社のビジネスは、戦後成立した総合商社のそれともまた大きく異なっている。対象である総合商社自体が変化しているのである。この変化を検証することで、この命題に答えていく。

第2に、バブル崩壊後、総合商社は「投資会社化」したとされるが、その内実を探る。投資機能は、そもそも戦後の総合商社に備わっていた。また戦前には、総合商社と呼べる三井物産などはもちろん、専門商社ですらこの機能を持っており、戦後顔負けの投資を行なっていた。

一九二七(昭和二)年の金融恐慌を引き金に倒れた鈴木商店は、現在の双日《そうじつ》の前身の一つだが、投資により戦後も残る多くの製造業を設立した。双日のもう一つの源流をなす巨大繊維商社の日本綿花は、戦時中の一九四三(昭和十八)年に日綿《にちめん》実業(のちにニチメン、現・双日)に社名変更するが、その理由は、投資による工場経営など事業活動の多角化である。また、十九世紀から二十世紀の第二次大戦後にかけて、世界を股《また》にかけて活躍したイギリスの多国籍商社も、多くの投資活動を行なっていた。

商社の基本的な業務は商品取引であり、総合商社業界ではこれを「トレード」と呼んでいる（本書でもこれを踏襲する）。しかし、投資はトレードと並んで、商社に当初から付随《ふずい》する機能であると言っても過言ではない。したがって、バブル崩壊後の「投資会社化」を正しくとらえるため、総合商社のビジネスのなかで投資の役割がどう変わったのかに焦点《しょうてん》を合わせて、みていくことにする。

第3に、「総合商社という業態は今後も存続していくのか」「変化するとすれば、どのように変わっていくのか」を考える。

総合商社はビジネスの構造を変化させた結果、日本独自と言われたその業態は、さらに独自性の高いものになった。かつて、韓国や中国は、経済成長を主導する目的で総合商社を設立することを目論《もくろ》んだ。しかし、世紀が変わった今、そうした動きはみられない。彼らがすでにそれなりの成長をはたしたからでもあるが、現在の総合商社のビジネスの構造が複雑で、他の追随を許さないという可能性も高い。

この独自の業態が仮に存続しないとすれば、どのように変わっていくのだろうか。純粋な投資会社に移行していくのか、資源メジャー化するのか。あるいは、ダウンサイジングや専門商社化、製造業化の道もないわけではない。総合商社は、どこへ行くのかを探る。

具体的には、第1章で変化しつつある総合商社のビジネスモデルを解説。第2章・第3章では戦前、戦後の総合商社の歴史を振り返る。第4章で海外における類似業態の企業との比較を行ない、その特殊性を掘り下げたのち、第5章で総合商社の行方《ゆくえ》を論じる。

総合商社は日本経済の成長と深くかかわってきた。総合商社の過去を学び、「次」を知ることは、今後の日本経済を占《うらな》ううえで不可欠である。また、総合商社が今世紀はじめに復活を遂《と》げるにあたって行なった経営改革とビジネスモデルの変革は、多くの日本企業に〝気づき〟を与えるだろう。経済の大きな流れをとらえ、ビジネス環境の変化への対処を探る書として読み進めていただきたい。

二〇一七年二月

田中《たなか》 隆之《たかゆき》

目次

第2章 商社の歴史・戦前――総合化と投資活動

第4章

総合商社の特殊性

第5章 総合商社の「次」なる形

図表作成……篠　宏行

第1章

総合商社、近年の大変化

総合商社の投資会社化

総合商社は「投資会社化」している——このとらえ方が一般的である。確かに、表面的にはそう言える変化が起きている。だが、「投資会社化」によって、総合商社の構造変化を正確に把握できるのだろうか。まず、この点を考えてみたい。

均質な構造を持つ総合商社が複数登場し、総合商社業界が形成されたのは戦後のことである。一九六〇年前後には総合商社の「原型」が確立したが、その後各社はオイルショック、円高不況、バブル崩壊などの困難を乗り越えながら、新しい事業分野への進出とビジネスモデルの変革を進めてきた。同時に、リスク管理やガバナンスの体制を向上させ、その構造を大きく変化させた。この新しい構造は二〇〇〇年代に入り、ほぼ定着した。総合商社は新・総合商社に生まれ変わったと言える。

しかし、そもそも総合商社はその「原型」からして、商品取引以外に、さまざまな収益の要素を持っており、それらを駆使して高収益を上げる経営体として知られていた。とりわけ、投資の機能が注目されていた。とはいえ、その投資はあくまで商権の獲得が目的だった。投資の結果、配当収入も得ることになるが、それは副次的なものであり、メインの収益は口銭《こうせん》（売買手数料）や売買差益などから得ていた（後述）。

だが、投資の目的が構造変化のなかで、投資収益（つまり配当収入）の獲得そのものに移りつつあることがクローズアップされてきた。

「今や、その目的は投資から上がる収益、あるいは事業売却や株式売却からの利益獲得に主眼が変化してきたとしばしば指摘される」「一九八〇年代後半にすでにはじまっていた事業投資が、平成不況期に入って一挙に加速化した」（木山二〇一一。以下、著作者十年号は参考文献を指す）などの理解が一般的である。

総合事業運営・事業投資会社

確かに、「投資会社」は総合商社の一面をとらえているが、全体像としては十分ではない。というのは、投資によって得られる収益への依存が高まっているのは事実だが、それが経営権を握っている投資先の事業からの収益である場合と、経営権を持たない投資先からの単なる配当収入である場合の、二つのケースがあるからだ。

総合商社が投資先企業の経営権を握り、その企業が製造業、非製造業に従事している場合、もはや製造業、非製造業に進出して収益を得ている、と考えるべきだろう。その違いをはっきりさせることは、企業のビジネスモデルや「業態」を考えるうえで、きわめて重要である。

こう考えると、総合商社に起きている構造変化は「連結子会社を通した、多様な製造業・サービス業への進出」と「事業投資会社化」の二つであり、現在の総合商社は「総合事業運営・事業投資会社」ととらえられるべきである。

総合商社の投資には、①商権獲得を目的とする投資に加え、②子会社への経営参加による製造業・サービス業への進出を目的とする投資（本体の分社化を含む）、③単なる配当収入の獲得を目的とする投資、の三つがある。

そして二〇〇〇年代からの構造変化は、従来行なっていた①から②③双方への軸足の移動を含んでいると言える。「総合事業運営・事業投資会社」のうち、②が事業運営、③が事業投資に対応する。

図表2　営業利益と（受取配当金＋持分法投資損益）の推移

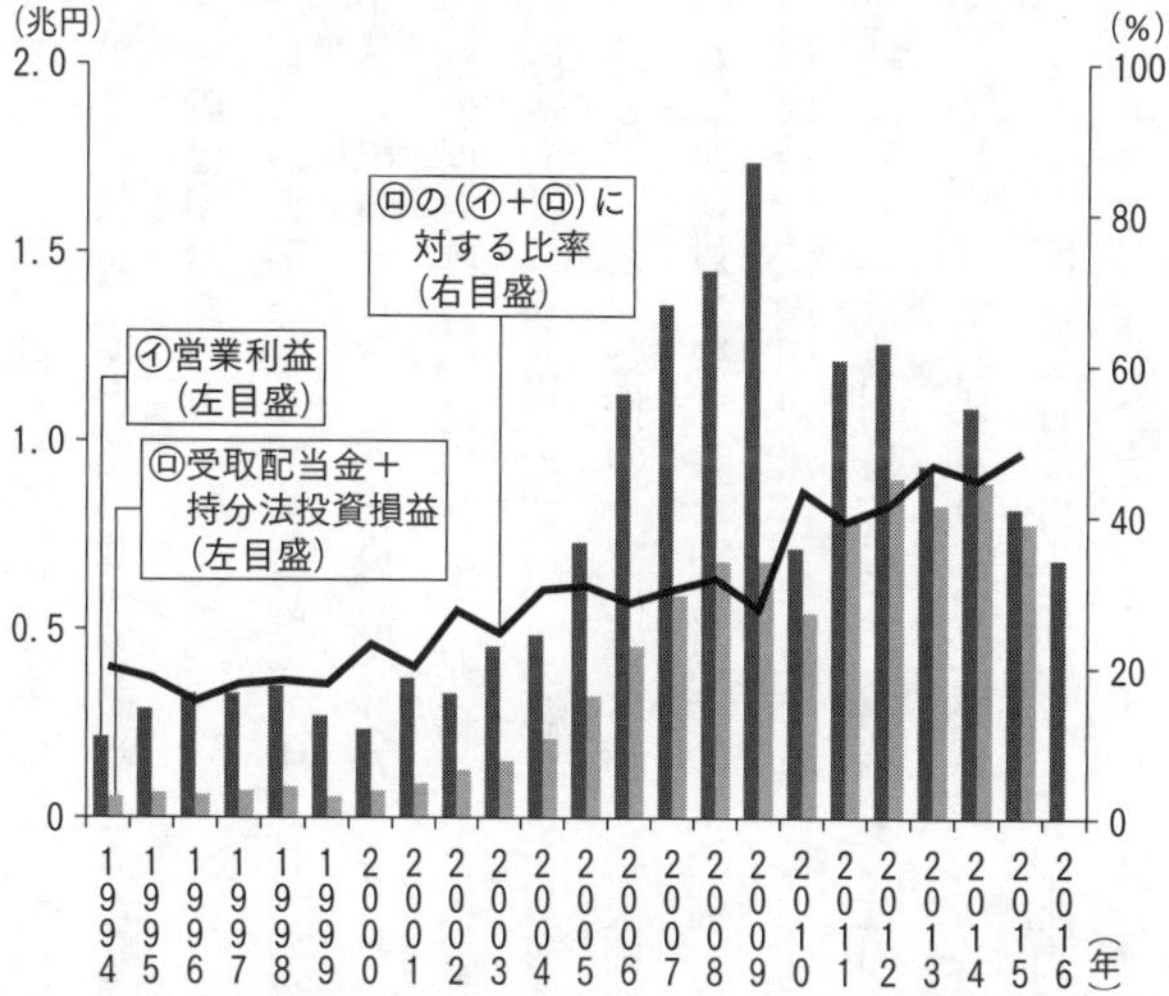

※各年3月期、5社（伊藤忠商事、住友商事、丸紅、三井物産、三菱商事。以下、同じ）合計の連結営業利益。IFRS基準に移行後、連結の営業利益を発表していない社は筆者計算

（各社決算資料より作成）

総合商社の構造変化

こうした構造変化を示すデータをみてみよう。

総合商社の「投資会社化」の裏づけとして、連結決算における「営業利益」と、「受取配当金と持分法《もちぶんほう》投資損益の和」の動きが比較されることが多い（榎本二〇一二など）。

図表2をみると、二〇〇〇年代以降、後者の伸びが著《いちじる》しい。さらに、両者合計に対する後者の比率は一九九〇年代には10％台だった

が、二〇一〇年には40%台前半まで増加している。ただ、ここで前者を商品取引（トレード）からの収益、後者を事業投資収益とみなし、「総合商社が投資会社化している」と解釈するのは早計だ。

これらの数字を読み解くために、子会社と連結決算のしくみを簡単に説明する。

企業の出資（投資）先には、関係会社とそれ以外の会社がある。関係会社は通常、その議決権の保有度合いに応じて、連結対象子会社（50%超の議決権を保有する会社）、持分法適用関連会社（20%以上50%以下の議決権を保有する会社）の二つに分類される。

ただし、一定の条件の下《もと》では50%超の議決権を持っていなくても実質的に企業を支配していれば連結対象に、また20%以上の議決権を持っていなくても実質的に影響力を行使していれば持分法適用対象に、それぞれなる。

連結決算の「営業利益」には、連結子会社の営業利益がほぼ合算される。これに対し、持分法適用関連会社の純利益は、株式持分で按分《あんぶん》した額が「持分法投資損益」に計上される。そして、関係会社以外の出資先からの配当が「受取配当金」として計上される。

したがって、「受取配当金と持分法投資損益の和」は経営支配を目的とせず、持分収益や配当収入を目的とした投資へのリターンの和であり、事業投資の成果を反映するものとみなしてよいであろう。近年、この比率が上昇しているのは、総合商社がまさしく「事業投資会社」化していることを示している。

しかし、「営業利益」は、商品取引からの収益だけを反映するものではない。そこには、連結対象子会社の営業利益がそのまま反映されるので、たとえば連結子会社が自動車部品を製造していれば、その利益が入っていることになる。むろん、連結子会社が商品取引から収益を得ているケースもある。いずれにしても、連結決算の営業利益には、本体および連結子会社の商品取引と、製造・非製造の事業運営の成果が混在していることになる。

その内訳を知りたいところだが、残念ながら、営業利益の構成を収益の源泉（収益モデル）別に示す統計はない。もっとも、二〇〇三～二〇一二年のみ、連結決算の収益のうち、純粋なコミッション（口銭）収入の比率を示すデータが、開示されたことがある。これを大手5社について示したのが、図表３（次ページ）である。

この数字は、二〇〇三年時点で15％とすでにかなり低いが、徐々に低下して、二〇一二

図表3　収益に占めるコミッション(口銭)比率

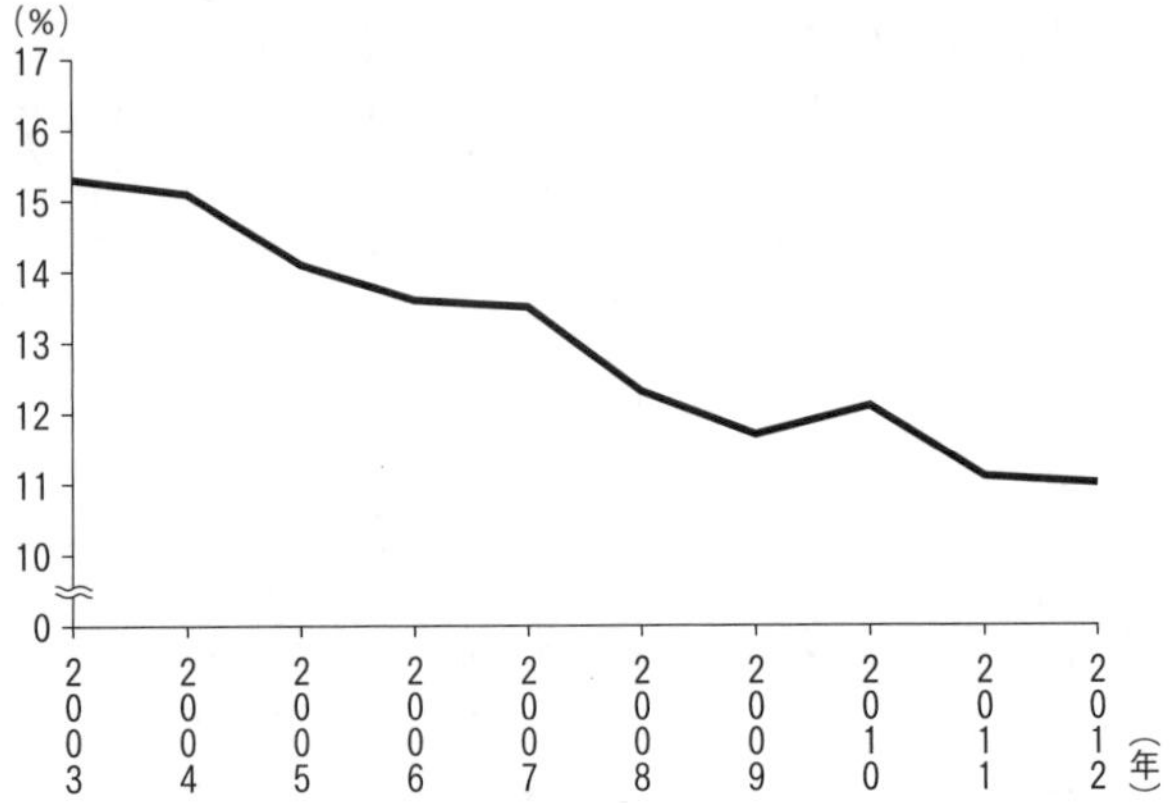

※各年3月期、SEC基準の5社平均

(各社有価証券報告書より作成)

年で11%となっている。これは、総合商社の収益の柱が売買収益から、製造業あるいはサービス業の運営から得られる収益にシフトしていることを示している。総合商社の「事業運営会社」化を物語るデータと解釈してよいだろう。

もう一つ、二〇〇〇年代以降の営業利益の増加が、実は本体ではなく、連結子会社の利益の増加によるものであることも、データからわかる。図表4は、総合商社大手5社の連結決算の営業利益を単体決算の営業利益と比較したものだ。

営業利益は、連結では二〇〇五年以降黒字が急増しているのに対し、単体では

図表4　単体決算と連結決算の営業利益

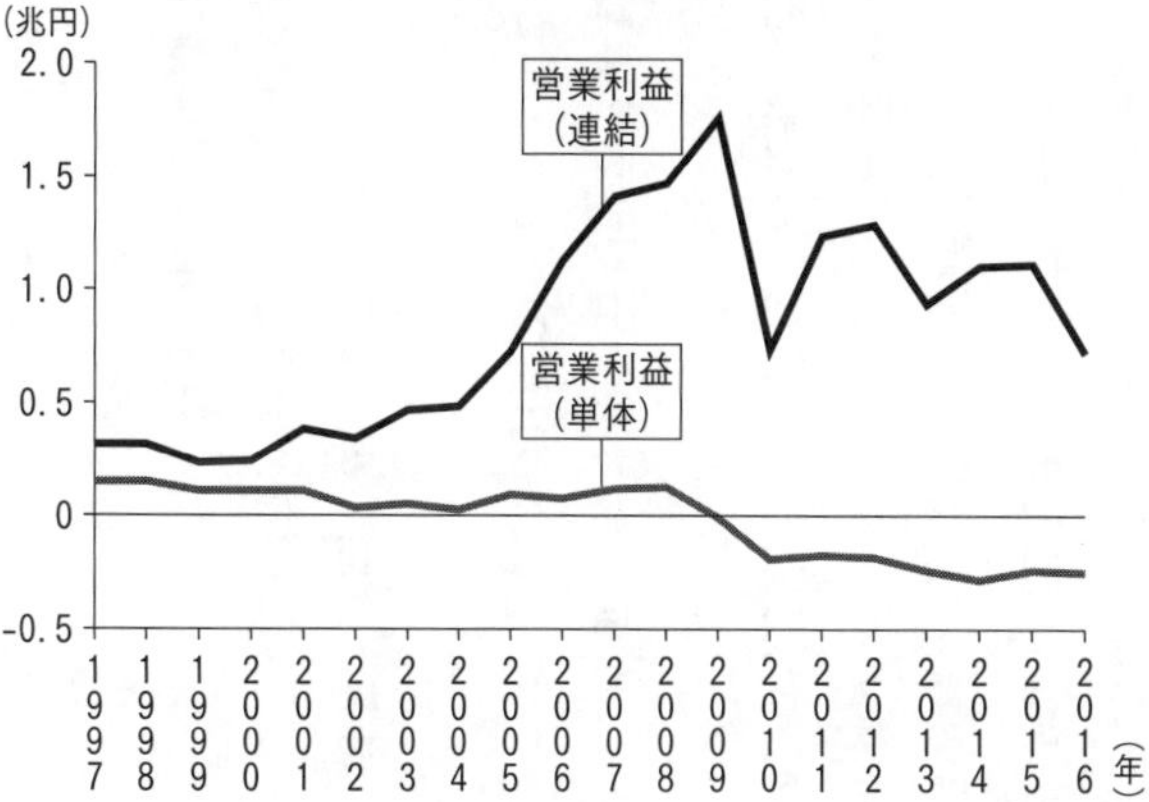

※各年3月期、SEC基準の5社合計。IFRS基準に移行後、連結の営業利益を発表していない社は筆者計算

(各社有価証券報告書より作成)

二〇一〇年以降赤字になっている。総合商社の経営が連結子会社を活用するものとなっており、その収益に大きく依存していることがわかる。本体の営業利益が赤字になっても頓着《とんちゃく》しないのは、まさにグループ経営の真骨頂と言える。

これらデータからわかったことを要約しよう。総合商社体制確立後の総合商社の構造変化は、「連結子会社を通した、多様な製造業・サービス業への進出」の動きと「事業投資会社化」の動きの二つの面を持っている。そして、そのいずれもが、形態上は本体による連結子会社、関連会社、それ以外の出資先への投資によって進められている。

総合商社の収益モデル

ここで、商社が収益を得る方法、つまり事業活動からの収益の引き出しパターンについてまとめておきたい。総合商社の構造変化を意識しながら整理すると、次のようになる。

A　コミッション(口銭)収入

商社が商品取引を仲介した場合、手数料を得るが、これを「コミッション（口銭）」と呼ぶ。

商社業界では、輸出入や国内、あるいは外国間で行なう伝統的な商品取引を「トレード」と呼んでいる（トレーディングはこの意味で使われる場合もあるが、一般的には金融商品や為替《かわせ》の売買を指す場合が多いので、本書でもトレードの語を使うことにする）。商社の商品取引（トレード）は、「委託取引（代行取引）」と「自己勘定取引（仕切り取引、見込み取引）」に大別されるが、前者において継続的取引を行なう場合に口銭が発生する。商品取引を継続的に行なって口銭を得る権利が「商権」である（商権については後述）。

その典型が、鉄鋼や自動車などのトレードである。たとえば、鉄鋼では、鉄鋼メーカーが供給する鋼材を、委託を受けた商社が自動車、重電、造船、家電などのメーカーに販売するが、この時に販売数量あたりのいくらか、あるいは販売価格の何％かが口銭率として定められている場合が多い。

通常、これには運送料、保管料、金利相当分に加え、販売ルートを開拓したことに対する手数料が含まれていると考えられる。商社がメーカーの製品を特定のユーザーに継続的に販売する道筋をつけただけで、実際に商社が運送や保管を行なわない場合でも、販売が発生するたびに口銭を得るケースもある。これを「眠り口銭」と呼ぶ。

この収益モデルの特徴は、仲介した商社が商品を抱《かか》えない、言い換えれば在庫リスクを取らないことである。販売数量が増えたり価格が高騰《こうとう》したりすれば、口銭収入は自動的に増加する。先の例は国内取引だが、多くの輸出入もまた、このコミッション収入という収益モデルに立っている。

B　**売買差益（マージン）**

商社の商品取引のうち、自己勘定取引から得られるのが「売買差益（マージン）」である。

商社は、輸出入でも国内取引でも、あらかじめ売値《うりね》を決めずに仕入れを行ない、市況が上がった段階で売り渡すことで、より高い収益を得ることが可能である。とりわけ、売り先をみつけずに商品を仕入れ、その後に売り先をみつけて販売する取引を、「仕切り取引」「見込み取引」などと呼ぶ。その典型が、資源など一次産品のトレードである。

コミッション収入との大きな違いは、商社が自己勘定でリスクを負うことになる点だ。市況が上昇すれば収益が拡大するが、下落すれば損失を被《こうむ》る。戦前の商社もこの取引を行なっており、そのリスク管理をうまくマネージできた商社が生き残った。

この収益モデルは、商品市場での先物《さきもの》取引を含む投機的利益の獲得動機から、トレードとは無関係に発生することもありうる。しかし、商社は、さまざまな商品の実需そのものと実需関連情報とを持つゆえに、このような商品ディーリングにおいても、銀行や一般の事業会社に比べて、参入の優位性を持っている。

C　付加価値を高めた販売からの収益（製造業、サービス業の事業運営による）

商社は、買いつけた製品を加工し、付加価値を高めてから販売することも可能である。これは、原理的には製造業が行なっていることそのものである。製造業は、仕入れた原材料を製造工程に投入、そこから生み出された製品を販売することによって収入を得る。

しかし、商社の場合、先にみた売買差益と並び、トレードに関連した収益の引き出し方の発展形態とみなすこともできる。その典型が、商社が運営する鉄鋼のコイルセンターである。コイルセンターでは、鋼材を仕入れて在庫し、裁断加工などで自動車、電機など顧客のニーズにしたがった形にしてから、販売する。この過程で上乗せされた価値は、「工賃」とも呼ばれる。製造工程を付加することでトレードを可能にする側面がある、と考えることもできる。

今や、総合商社は子会社を通して幅広い事業運営に乗り出している。その果実はAやBとともに、連結決算では営業利益に入ってくる。しかし、先にみたように、その一部は配当収入や持分法投資損益に取り込まれている。

D　金利収入

商社は金融機能も持っており、それによって金利収入を得ている。

これには、二つの発生源がある。一つは、トレードに付随して発生する、いわゆる売掛《うりかけ》など短期の商業金融（企業間信用）である。もう一つは、子会社や関連会社、またはその他の企業への貸付《かしつけ》である。後者は、次にみる事業投資による配当収入に近い。

E　事業投資からの収入（配当、持分法投資損益）

商社は事業に投資し、そこから配当収入を得ることができる。

すでにみたように、商社の投資には①商権獲得を目的とするもの、②子会社への経営参加による製造業・サービス業への進出を目的とするもの、③投資からの収益の獲得を目的とするもの、の三つがある。

②は連結子会社である場合が多いので、収益はおおむねCとして連結決算上の営業収益に取り込まれる。したがって、おおむね①③による果実がここに入ってくるとみてよい。

どちらの場合も、先にみたように、持分法適用関連会社の場合には持分法投資損益として、関係会社以外の出資先の場合には配当として取り込まれる。

もっとも、①②③の区別がつきにくい場合もある。当初、商権獲得のために行なった投資が、途中から投資からの収益の獲得を目的とする投資へと変化したり、投資収益の獲得目的で行なった投資先の株式を買い増して経営権を握ったりするケースもあるだろう。C事業運営とE事業投資の厳密な境界は引きにくいし、たがいに転化しうると言える。

F　フィー（サービスの手数料）

商社はその他多様なサービスを行ない、その対価としての手数料を得ることが可能である。このコミッション以外の手数料を「フィー」と呼ぶ。

それらのサービスのなかには、コンサルティング、マネジメント（経営指導）、情報提供、M&A（企業の合併・買収）の斡旋《あっせん》、各種紹介などが含まれる。

また、信用保証手数料も大きい。商社が子会社化や関連会社の信用保証を行ない、信用保証料を得るケースは多く、役割としては金融機能の一端でありDに近いが、収益の形態としては手数料に含まれる。

商権と投資の関係

このように、総合商社は売買にともなう収益（A、B）から、製造業やサービス業を営《いとな》むことによる収入（C）や投資収益（E）へ、収益の軸足を移しつつあると言える。

しかし、戦後成立した総合商社の「原型」では、投資は「商権」を確保するためのものであった。その場合の商権と投資の関係を、ここでは総合商社の資源・鉄鋼ビジネスの例でみてみよう（田中彰二〇一二）。

商品取引には、継続的取引とスポット取引（1回限りの取引）がある。また、商社の商行為は、先にみたように委託取引（代行取引。A）と自己勘定取引（仕切り取引・見込み取引。B）に大別される。継続的な委託取引を行ない、仲介手数料（口銭）を獲得するビジネスが成立している時、そこに商権が発生していると考えられる。

「商権」とは、仲介取引を継続的に行なうことのできる権利と言ってよい。商権は、商社の「取引関係への投資」によって形成され、維持され、強化される。取引関係への投資とは、その取引に必要なシステムを構築したり、取引先へ日常的な情報提供を行なったり、顧客との関係強化のために株式を保有（投資）したりすることを含む。

一九六〇年代に、総合商社は鉄鋼メーカーとともに、日本の鉄鋼原料調達システムを構築した。鉄鉱石は当初、東・東南アジアの鉱山からの単純買鉱《ばいこう》が中心だったが、高度成長期になると、総合商社がオーストラリア、ブラジル、インドからの開発輸入を行なうようになった。開発輸入では、現地サプライヤー（山元《やまもと》）との長期契約を支えるため、商社がサプライヤーへの融資（「融資買鉱」と言う）や開発プロジェクトへの資本参加を行なった。

こうして、商社は鉄鋼企業の鉄鉱石輸入を委託され、重量あたりの定額口銭を得た。巨額の初期投資を必要とするが、いったん軌道に乗ると、安定的な収益を得ることができる。むろん、投資に対する配当収入も得たが、それが少なかったとしても、投資額を口銭のなかに含めて回収するところに意味があった。

鉄鉱石取引の商権を強化することは、鋼材取引などその他の取引の商権の強化、ビジネスチャンスの獲得にも結びついた。鉄鋼企業が製造した鋼材を、自動車企業、電機企業をはじめとするユーザーに販売する国内流通で、総合商社は優位に立つ。開発プロジェクトを合弁で行なった欧米の資源企業との取引関係を利用して、非鉄金属などの資源取引を強化することもできた。

さらに、これらの大規模プロジェクトを推進するためには、鉱山設備機材、生産設備、港湾・鉄道・住宅などのインフラの整備が必要となったので、参加する総合商社は大きなビジネスチャンスを得た。こうした資材、機器の輸出の派生需要がどれほど発生するかが、開発プロジェクトへの参加の一つの重要な判断材料であったという。

商社の口銭は一見《いっけん》、その根拠が曖昧《あいまい》である。取引の道筋をつけただけで、取引発生の都度「眠り口銭」を得るのは「濡《ぬ》れ手で粟《あわ》」にみえる。しかし、このようにみてみると、長期的取引の背景として必要になる投資や関係各所へのアレンジの費用が、口銭として回収されていることがわかる。口銭は、総合商社が提供する、幅広い情報提供やオーガナイズを含むサービス総体への対価とも言えるのだ。そもそも、手数料商売と投資は、このような形で結びつきやすい関係にある。

しかし、商権は何もしなければ劣化《れっか》する。そして、商権の維持が難しくなったことが、総合商社がビジネスモデルの転換をはかるきっかけとなったと言える。

鉄鉱石分野の例では、一九九〇年代に新規の資源開発案件が少なくなると、従来、商社が代行していた決済業務や書類チェックを、鉄鋼メーカー（あるいはその子会社）が吸収する動きがはじまった。その結果、下位の輸入商社は淘汰《とうた》され、鉄鋼企業の子会社である「メーカー商社」のシェアが拡大した。総合商社は対策として、鉄鋼サプライヤーへの投資をさらに進める。こうして、総合商社の資源ビジネスは輸入や事務代行よりも、資産としての投資先プロジェクトの収益性とリスク管理の重要性が増していった。

つまり、総合商社は、伝統的な取引仲介業務よりも、投資からの配当収入による収益の確保を目指し、伝統的商権ビジネスからの脱却をはかったのだった。同時に、資源ビジネスのようなロットが大きい、産業の川上《かわかみ》にあたる分野に比べ、食品・小売・サービスなど小ロットで川下《かわしも》に位置する分野に目が向けられ、それらの分野では連結子会社を通した事業運営が重視されるようになっていった。

事業運営・事業投資1　関係会社の活用

こうして、現在の総合商社は事業運営・事業投資を行なうに至ったが、実際にはどのように行なわれているのだろうか。その手法やしくみを三つ取り上げる。

第1は、連結子会社や持分法適用関連会社などの関係会社の活用である。総合商社の投資は商権を獲得するための投資から、事業運営のための投資、あるいは投資収益獲得のための投資へと比重を移してきたが、いずれの場合にも商社本体が投資を行なう。それは、必然的に関係会社の増大をともなう。

上場企業が所有する連結子会社は、平均で約20社（二〇一五年）。これに対し、総合商社5社の連結子会社は平均約351社である。総合商社だけに連結子会社が多いわけではなく、ソニーや日立製作所では1000社を超える。しかし、350社を超える企業は20社程度に限られるから、総合商社の連結子会社保有数は多いと言える。

総合商社の関係会社総数、つまり連結子会社と持分法適用関連会社の合計は、一九九〇年代から二〇〇〇年代初頭にかけて増加している。図表5をみると、一九八〇年代初頭には300社程度だったが、二〇〇〇年前後には800社前後になっている。その後は減少し、現在500社台に落ち着いている。

この増減は、連結子会社数の増減によるものだ。一九八八年から一九九〇年代初頭にかけて、持分法適用関連会社数と逆転しているのが目を引くが、この傾向は日本企業に広く

図表５　総合商社の関係会社数

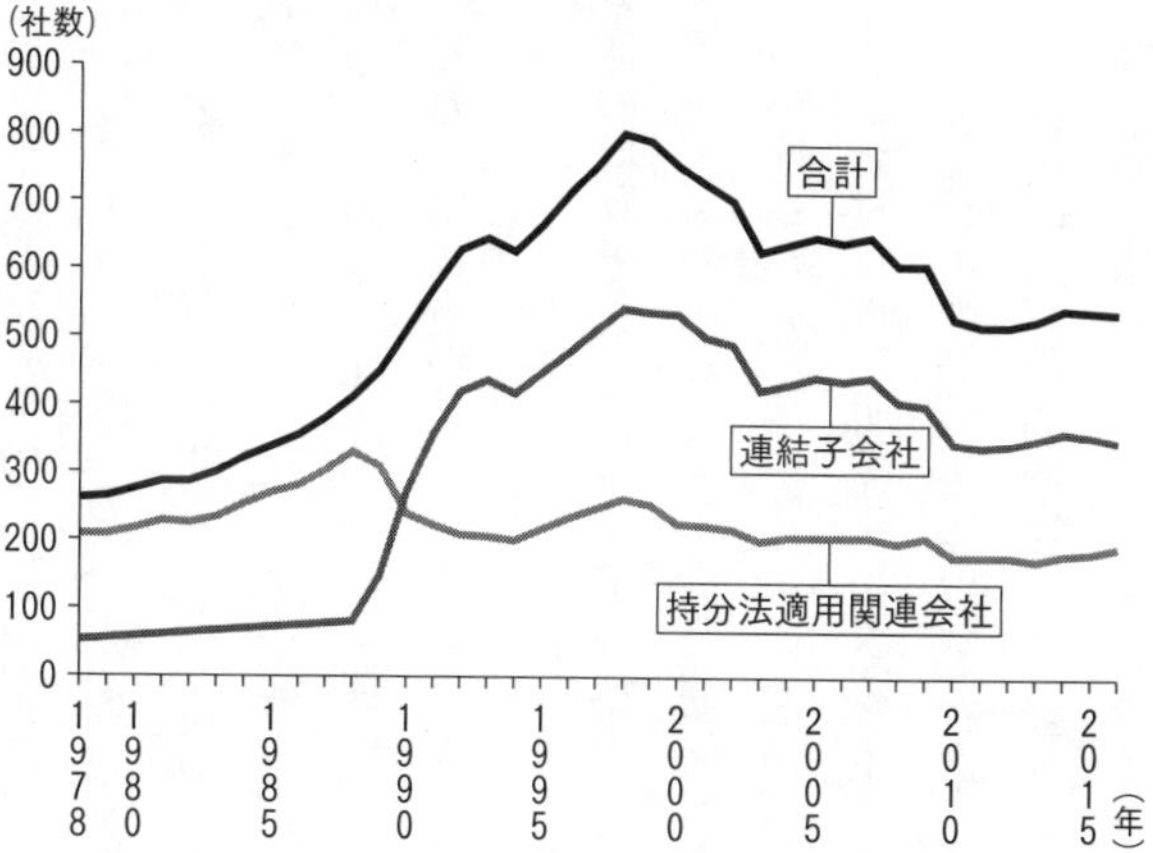

※各年3月期、5社平均。2016年3月期より計測方法を変えた三菱商事は修正済み

（各社有価証券報告書より作成）

みられた現象である（新美二〇〇七）。

すなわち、一九八八年に商法計算書類規則が改正され、ほぼ同じ時期に証券取引法サイドでも制度の見直しが行なわれたため、子会社の状況開示や連結財務諸表の提出が必要になり、それまで非連結だった子会社を連結子会社として扱うようになる企業が増えたからだ。

しかし、総合商社の場合には一九九〇年代半ばからの増加が重要である。そして、二〇〇〇年代初頭までの増加とその後の減少は、商社が投資活動を活発化させ、投資先の再検討や整理をダイナミックに繰り返したことを反映している。

このような関連会社への投資活動には①本体の既存事業の分社化・子会社化、②新規子会社の立ち上げ、③既存の企業への資本参加、の三つがある。

いずれの場合にも、単独出資と他社との共同出資があるが、②③では共同出資が多い。それにはパートナーを探して選別する力、そして関係を構築する力がきわめて重要な意味を持つ。このうち③で、資本参加の割合（株式の持ち分）が50％を超えればM＆Aとなる。なお、①にも他社との共同で行なう例がみられる。具体的にみてみよう。

①本体の既存事業の分社化・子会社化

①のケースの例として、三井物産インターファッション（現・三井物産アイ・ファッション）が挙《あ》げられる。一九九二年に三井物産の繊維部門の一部が分社化、設立された。業務内容は「アパレル・服飾雑貨製品等生産・仕入・販売」であり、伝統的な商品取引だけでなく、アパレル製品の生産活動を行なっている。また、三井物産スチールは、二〇〇八年に三井物産の鉄鋼部門から分離・独立したチームが中心となっており、「鋼材・鋼板・線材特殊鋼等の販売・輸出入」を行なう。ともに、三井物産が１００％株式を所有する連結

子会社である。

このような既存事業の分社化を、他社と共同で行なうケースもみられる。その典型が、三菱商事と日商岩井（現・双日）がそれぞれの鉄鋼部門の一部を分離、二〇〇三年に設立した合弁企業・メタルワンである。従来型の鉄鋼製品をユーザー企業に販売して口銭を得る商品取引を行なっているが、その傘下《さんか》に連結子会社として、鉄鋼の加工を行なうコイルセンターなどを抱え、生産活動も行なっている。同社は三菱商事の連結子会社、双日の持分法適用関連会社となっている。二〇〇一年設立の伊藤忠丸紅鉄鋼も、同様のケースである。

このような分社化の動機は多くの場合、人件費を含めたコスト削減であり、ほとんどが連結子会社と考えてよいだろう。

②新規子会社の立ち上げ

②のケースでは、たとえば内外の鉄鋼のコイルセンターや新興国での自動車販売会社がある。住友商事の金属事業部門は、国内に11の連結子会社、海外に21の連結子会社と６の

持分法適用関連会社を持つ（二〇一五年の年次事業報告書）が、その7～8割が鉄鋼コイルセンターである。

三菱商事は、海外に自動車関連の連結子会社と持分法適用関連会社をともに11ずつ持つ（二〇一三年同）。自動車の輸出入・販売・整備・金融が主だが、一部ではエンジンやその部品の製造も行なっている。収益は商品取引に加え、製造などからも得ているわけだ。丸紅をはじめ各社が新興国で行なうIPP（卸売《おろしうり》電力事業）の展開にも、この例がみられる。

合弁による新規子会社設立も多く、エネルギー分野での大型プロジェクトにその典型例がみられる。たとえば、液化天然ガス（LNG）の採掘・液化・輸送・販売を手がける「サハリン2」と呼ばれるプロジェクトでは、一九九四年にロシア政府との生産分与協定が結ばれ始動した。

これはサハリン・エナジー・インベストメント・カンパニー（SEIC）がプロジェクト主体だが、ここにはロシアのガスプロムが過半数の出資を行ない、残りをロイヤル・ダッチ・シェルの100％子会社と、三井物産の100％子会社（ミツイ・サハリン・ホールディングズB.V.）、三菱商事の100％子会社（ダイヤモンド・ガス・サハリンB.V.）

が共同出資するという形を取っている。ＳＥＩＣの収益は、配当収入の形で三井物産、三菱商事の１００％子会社に入るが、連結決算により両社の連結上の配当収入に取り込まれることになる。

ちなみに、「サハリン１」には、伊藤忠商事と丸紅が参画している。スキームはやや異なるが、これも「サハリン２」同様、新規子会社を設立し、事業投資を行なっている。

③既存の企業への資本参加

③には、さまざまな目的・形態がみられる。従来型の商権確保を目的とする投資はまさにこれだったが、再三述べてきたように、配当収入や持分法投資収益を狙《ねら》う投資に変化しつつある。多くの分野にみられるが、やはり資源・エネルギー分野が一つの典型だ。

たとえば三井物産は、ブラジルの世界最大の鉄鉱石サプライヤーであるヴァーレの６％の権益を確保している。同社はヴァーレの52・３％の株式を所有するバレパールという企業の株式を15％所有する、という構造である。むろん、これによってヴァーレとの関係を強化し、鉄鉱石の海上輸送を担うことができるうえ、鉄鋼輸送用の貨車や鉱山機械の納入も行なっているが、むしろ配当収入が三井物産の収益の主柱になっている点が重要である。

なお、三菱商事にはＭＤＰ（Mitsubishi Development Pty Ltd。一九六八年設立）、三井物産にはＭＩＯＤ（Mitsui Iron Ore Development Pty. Ltd。一九七〇年設立）という石炭や鉄鉱石の事業投資を行なう１００％子会社がある。三菱商事は、二〇〇〇年にＭＤＰを通じて、世界最大の資源会社であるＢＨＰビリトンと共同で、オーストラリアの石炭開発会社QCT Resources Limitedを買収した。これは、既存企業へ資本参加を、他社との共同出資で行なった例である。ちなみに、ＢＨＰビリトンとは、やはりＭＤＰを通じ、二〇〇一年に折半出資で石炭採掘会社であるＢＭＡ（BHP Billiton Mitsubishi Alliance）を設立した（これは②の例である）。

このように、総合商社は１００％子会社経由の投資を通して、その果実を連結決算上の投資収益に取り込んでいるが、こうした活動の収益モデルは、ほとんどが配当収入を目当てにした投資であるとみてよい。しかし、ＢＭＡの例では、三菱商事はＭＤＰを通じて経営権を握っており、もはや石炭の生産活動を行なっているとも言える。

事業運営・事業投資2　バリューチェーン戦略

事業運営・事業投資を担う第2のしくみは、トレードによって「商流」をとらえ、それにかかわる事業を運営する、あるいはそれにかかわる事業からリターンを得るために投資を行なう方法だ。その典型が「バリューチェーン戦略」である。

バリューチェーンとは、（ある製品につき）「開発、調達、生産、販売という各段階において製品の付加価値が高まっていくプロセス全体」のことである。そして、社会の潜在的なニーズを発掘して、より付加価値の高い財やサービスをもっとも効率的に届けるため、バリューチェーンの一部分に目を奪われずに「全体にさらなる価値をつけ」る。ビジネスモデルとしては、取引先と長期的な関係を作り出したうえで、提供した機能やサービスに対する対価を、トレードの収益あるいは投資からの収益の形で「継続反復的に回収する」こととされている（三菱商事二〇一二）。

これは、既存の事業分野における商権を生かして、その分野の川上から川下までの各段階でさまざまな収益モデルを実現する機会を広げ、それに関与することで商権を確保する戦略であり、トレードがその要《かなめ》の位置にあると言ってよいだろう。

商権の獲得のために投資を行なっているという意味では、戦後成立した総合商社の「原型」のビジネスモデルを生かしている。だが、大きな違いは、「原型」では取引先へのサービスの対価が主として口銭のなかに含まれて回収されていたのに対し、ここでは投資収益やその他、付随的に発生する業務へのフィーとして回収されていることである。

また、何と言っても、この戦略のポイントは、総合商社が行なう「多様な製造業・サービス業への進出」を有機的に関連づけて行なうところにある。

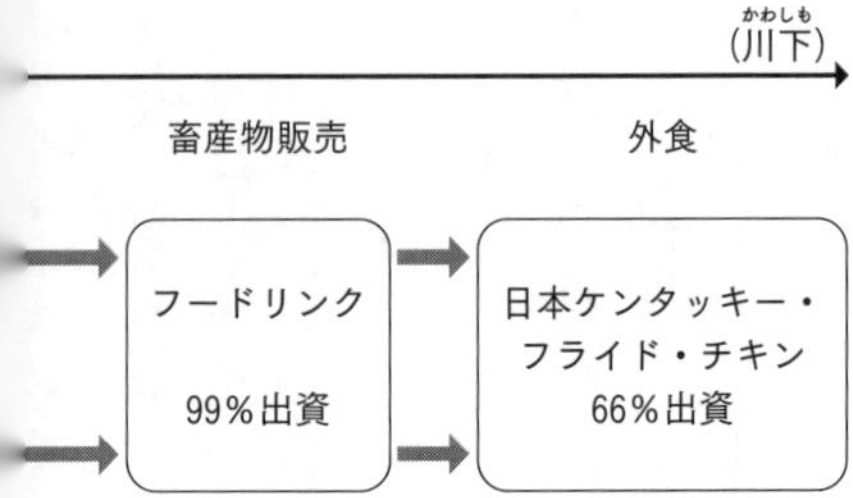

（田中隆之著『総合商社の研究』より作成）

その典型をみてみよう。図表6は、三菱商事による日本ケンタッキー・フライド・チキン（日本ＫＦＣ）の鶏肉における「バリューチェーン」を示している。

もっとも川上に位置するのは、鶏の飼料となる穀物の集荷・販売であるが、これを三菱商事の１００％子会社であるアグレッ

図表6　バリューチェーンの例(三菱商事)

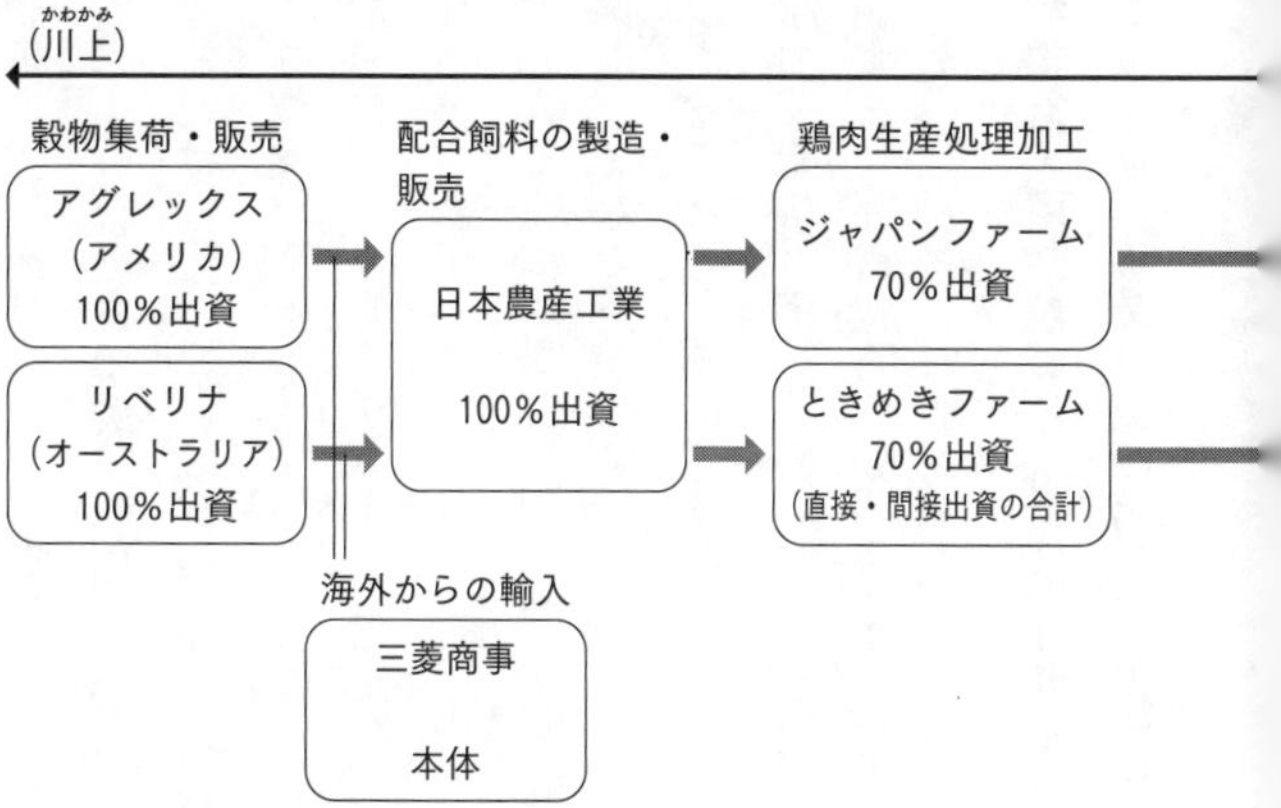

※➡は財の供給。出資はすべて三菱商事

クス社などが担う。その穀物から配合飼料を製造・販売するのが日本農産工業だが、これも同社の１００％子会社だ。さらに、飼育された鶏を鶏肉に処理する会社、販売する会社がそれぞれ同社の70%、99%子会社である。この鶏肉を使ってフライドチキンを売るのが日本ケンタッキー・フライド・チキンであり、同社の66%出資子会社である。

この五段階の収益モデルはそれぞれ製造であったり販売であったりするが、すべてが三菱商事の連結子会社だから、各社の収益が連結の収益にそのまま取り込まれる。

さらに、飼料穀物を日本に輸入するのが三

菱商事本体であり、ここでトレードが行なわれることになる。

このように、ある製品の川上（原料）から川下（製品）までに存在する収益チャンスをできるだけ、その総合商社の本体、連結子会社、あるいは非連結の子会社が担うことで、グループ全体の利益を大きくしよう、というのが、バリューチェーン戦略の目的である。ちなみに、バリューチェーンは鉄鋼、自動車、エネルギー、繊維、その他多様な分野に存在するとされている。

むろん、一つの製品のバリューチェーンに存在する収益機会を、すべて一つの総合商社のグループ内で担う例は稀《まれ》だろう。しかし、製品の川上から川下までにさまざまな収益機会があることを念頭に置くことで、その収益機会を可能な限りグループで担えるように関係会社を展開する、あるいは一部をグループ外企業が担っている場合にはその企業に資本参加する、経営戦略を展開することができるのである。

事業運営・事業投資3　投資のリサイクル

事業運営・事業投資の第3の手法として、総合商社は投資先の関係会社を適時入れ替えているが、これを「投資のリサイクル」と呼ぶ。新規企業の設立や既存企業への投資で、新たに連結子会社や持分法適用関連会社を増やしたり、あるいは売却による事業からの撤退や合併で関係会社数を減らしたりすることで、全体を適切に管理しているわけだ。

たとえば、三菱商事は二〇〇九年に34件の事業投資を行なった。開示されている17件のうち3件が国内、14件が海外案件だ。これらを前述の②新設型と③資本参加型に分けると、国内が1社・2社、海外では9社・5社になっている（「商社レポート」二〇〇九年二月十日号）。同社の関係会社は、同年度に５９０社から５６２社へと28社減っているから、62社が売却あるいは合併などによって集約されたと推測される。

各社は一九九〇年代以降、このように年間30〜50件の新規事業投資を行なっている。いっぽう、株式売却による事業からの撤退や合併による子会社数の減少は、各年を均《なら》すとほぼ同数起きている。

三井物産の１００％子会社・ＭＩＯＤは、二〇〇七年にインドの鉄鉱石採掘会社セサゴアの株式を売却している。これは一九九六年に51％の株式取得を行なったものだが、まさに投資のリサイクルの一環としての売却の例である。

既存の関係会社を合併させて、全体の社数を減らす例としては、二〇一一年度に三菱商事の連結子会社であった菱食《りょうしょく》、明治屋商事、サンエス、フードサービスネットワークの4社が経営統合し、三菱食品となった例が挙げられる。

総合商社が行なう投資の多くは、投資会社（投資信託、ヘッジファンドなど）のように単に収益性の高い企業に投資して高配当を得ることだけが目的ではなく、また事業再生ファンドなどのように企業価値の高まりを待って売り抜くことで利益を得ようとするのでもない（第4章で詳述）。

投資先企業の事業内容を熟知し、また総合商社自《みずか》らのトレードとの連関が高く、さらにその事業を自らのノウハウで発展させることが可能である場合、そしてグループ全体としてみた時の収益極大化が狙える場合に、投資が行なわれると考えられる。総合商社の投資のユニークな点はここにある。

なお、事業運営と事業投資の区別はつけにくい。非連結の子会社（持分法適用関連会社と関係会社以外の出資先）がバリューチェーンの一環を担い、総合商社本体の業務と密接な関係を持つケースも少なくないと思われる。株式持ち分が低くても、本体の意思決定を強く反映して製造・サービス業務を行なう会社もあるからだ。

また、しばしば非連結子会社の株式を買い増して連結子会社化する動きやその逆もありうるから、一概に、連結子会社のみが本体の意思決定を受けた事業運営を行なうという線引きは妥当でない。

総合商社は、関係会社の事業内容を有機的に関連づけながら、事業運営のための投資とリターンを得るための投資、さらにトレードを発展させるべく商権を獲得するための投資を相互に入れ替えることも含めて、管理していると考えるべきだろう。各社は新規の事業投資額については、事業計画のなかで定量的な目標を立てて行なってきた。

たとえば、三菱商事は、二〇一〇年七月の中期経営計画で3カ年合計2兆～2・5兆円の投資を戦略的に行なうとしていた。伊藤忠商事は二〇一三年五月の中期経営計画で2年間累計8000億円の新規投資を行なうとしてきた。ただし、二〇一五年からのそれでは定量的な表現を取っておらず、実質営業キャッシュフローとexit（撤退による株式売却）によるキャッシュインの範囲内で新規投資を行なう、などとしている。住友商事は二〇一五年三月の新中期経営計画で3年間累計1兆2000億円の投資を行なうとしている。

経営改革1　選択と集中

総合商社は、ビジネスの構造を「原型」から「総合事業運営・事業投資会社」に変化させるにあたり、それを支える経営上の諸改革を断行した。それらの改革は、バブル崩壊後の不良資産処理と同時に進行した。これにより、業界は淘汰・再編を余儀なくされたが、改革を乗り切った総合商社の業績は二〇〇〇年前後から好転、とりわけ二〇〇三年頃から急拡大した。二〇〇八年の世界金融危機の衝撃も他産業に比べれば軽く、その後も、エネルギー価格が急落した二〇一四年までは好調を維持した。

その礎《いしずえ》となった経営上の改革は、①選択と集中、②リスク管理体制の拡充、③コーポレートガバナンスの強化、の三つである。

これにより、それまでの売上高重視から収益重視へと経営体質を抜本的に転換させた。売上高重視は、戦後長らく日本企業にしみついた体質とも言えるが、とりわけ総合商社のビジネスの「原型」的な構造、すなわち投資その他の機能の対価を口銭に含めて回収する構造と整合的だった。

しかし、企業経営が資本効率を重んじるようになり、総合商社も事業運営・事業投資の果実を口銭から切り離して回収する構造を強めるにしたがい、売上高重視は収益重視に転換していく。

最初の改革の契機は早くも一九八六年にあり、複数の総合商社が収益重視を中長期の経営計画で打ち出していた。しかし、本格的にこれが推進されたのは、バブル崩壊後にその後遺症としての不良資産が処理される時である。総合商社は、不良資産の償却とともに総資産を圧縮し、大規模な財務の健全化を成し遂《と》げた。一九九六年三月期から10年間での7社合計の償却費用合計額は8兆円強にのぼる。

二〇〇〇年三月期には、各社とも一九八〇年代後半のバブル期に購入した不動産の処分損・評価損、さらに早期退職関連費用などのいわゆるリストラ費用も計上。とりわけ伊藤忠商事の4758億円が目立ったが、これは子会社の伊藤忠テクノサイエンスの売却益でかなりの部分をまかなうなど、他部門の事業の好調に支えられていた。

この間、ネットDER（Debt Equity Ratio）という指標が、財務健全性の指標として注目されるようになった。これは、ネット有利子負債倍率のことで、有利子負債から現金などの流動性資産を引いたネット有利子負債を、自己資本で割って算出する。

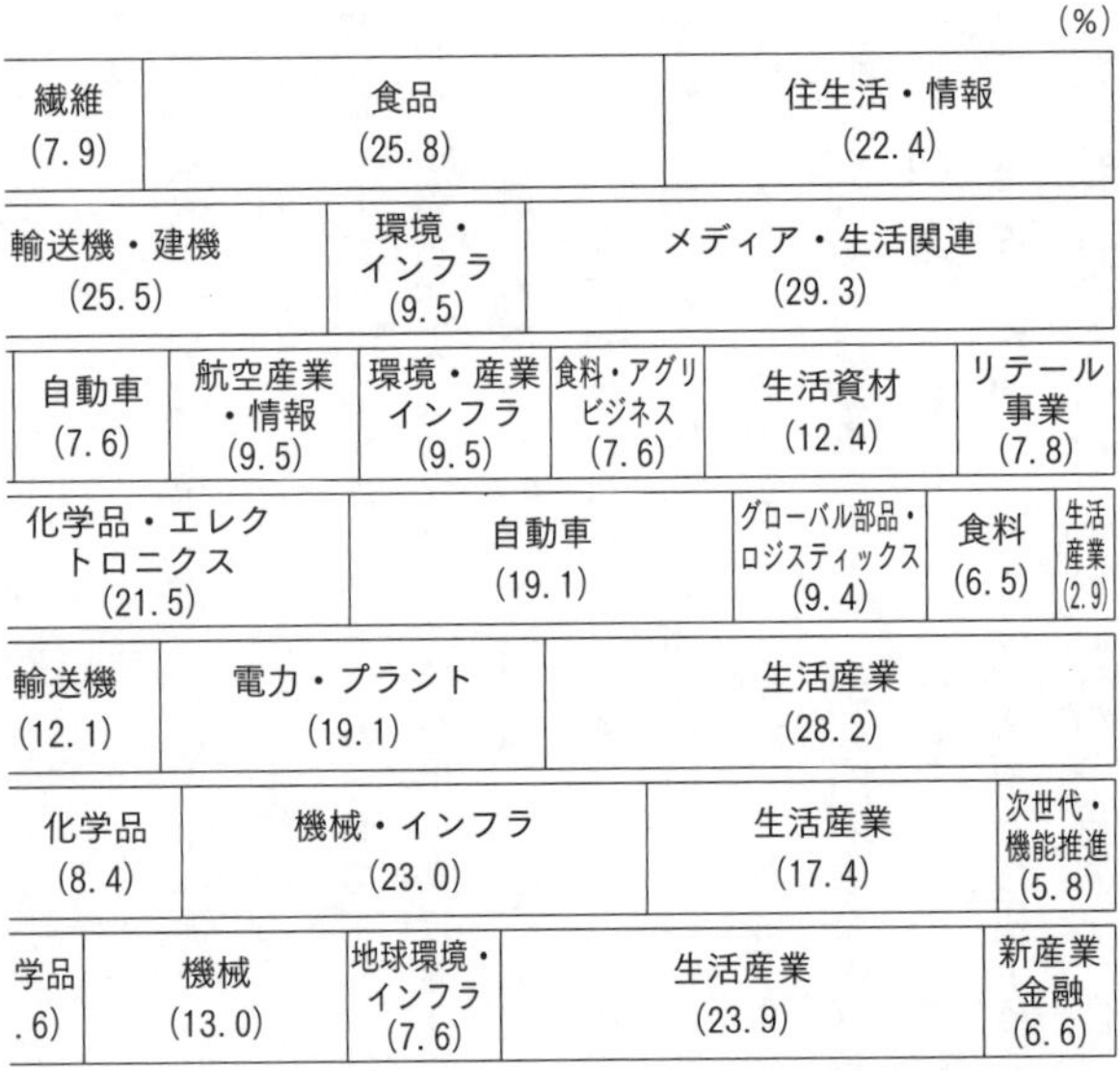

(各社決算資料より作成)

一九九九年と二〇〇九年のネットDERを比較すると、5社平均で7・8倍から2・1倍へと大幅に低下、改善している。有利子負債が削減されるいっぽうで、株主資本が増強されたためだ。株主資本は、同期間に5社平均で2・4倍に膨《ふく》らんだが、特に二〇〇四年以降の好業績に支えられた。

経営改革の第1は、選択と集中である。

事業領域の絞り込みと不採算事業からの撤退、また「投資の

図表7　総合商社の部門別の資産割合

伊藤忠商事〔6〕	金属 (13.1)	エネルギー・化学品 (16.1)	機械 (14.7)
住友商事〔5〕	金属 (11.4)	資源・化学品 (24.3)	
双日〔9〕	石炭・金属 (22.5)	エネルギー (8.1)	化学 (15.1)
豊田通商〔7〕	金属 (21.9)	機械・エネルギー・プラントプロジェクト (18.7)	
丸紅〔5〕	エネルギー・金属 (25.9)	素材 (14.8)	
三井物産〔7〕	金属資源 (18.2)	エネルギー (22.6)	鉄鋼製品 (4.5)
三菱商事〔7〕	金属 (26.9)	エネルギー (15.4)	化 (6

※2016年3月期。〔　〕内はセグメント数。(　)内は資産割合

リサイクル」が行なわれた。各社それぞれ高収益部門への経営資源の集中が進み、各社間での棲《す》み分けもある程度進んだ。第3章で後述するが、戦後成立した10大総合商社は、一九六〇〜一九八〇年代に「金太郎飴《あめ》」のように均質な事業分野を形成していた。これが選択と集中の結果、二〇〇〇年代になると大きくばらつくようになったのである。

　図表7は、二〇一六年三月期に発表された7社の管理部門

（オペレーティング・セグメント）と、それぞれに帰属する資産の割合を示したものだ。これをみてわかるのは、各社のセグメントの立て方が各社独自のものになっていることだ。実際図表13（156〜157ページ）をみると、一九七三年度は6〜7部門に統一されていた。実際には、社内の部門をこのとおりに編成しているわけではなかったが、このような集約が可能なほど、同じような事業内容を総花的《そうばな》に抱えていたのだ。また、それぞれの部門の全体に占める割合も、各社でさほどのバラツキがなかった。

ところが、現在のセグメント構成では、金属、エネルギー、化学、機械がほぼ共通している反面、インフラあるいはプラント、そして生活産業といった新しいネーミングも目立つ。もっとも、その下に繊維や食品を扱う部門も各社に置かれており、生き残った7社はとりあえず部門の「総合性」をキープしているようだ。

選択と集中の結果は、これをみただけではさほど明確ではないが、伊藤忠商事がアパレル（繊維）、食品、情報などの非資源に、住友商事がメディアに、丸紅が電力に優位を見《み》出《いだ》していることなどが映し出されている。

経営改革2　リスク管理体制の拡充

経営改革の第2は、リスク管理体制の拡充である。

事業運営・事業投資の推進、選択と集中にともなう新規分野・新規事業への進出は、新たなリスク管理、財務管理、組織・人事管理の必要性を高めた。これまでにないリスクを抱えるものが多く、また分社化や関連会社・合弁会社を使っての事業運営、そして事業投資が増えていたため、子会社・関連会社を含むグループ全体の財務やリスクを管理する方法が求められたのだ。さらに、売上高より収益を重視する経営も、新しい財務管理を必要としていた。

従来のトレードから発生するリスクは、穀物、非鉄、原油などの市況の変動リスクや、取引先への与信《よしん》の提供による信用リスクなどだった。総合商社はこれらのリスクを、先物のヘッジや取引先の財務・資金繰りチェックなどでマネージしてきた。しかし、このような個別のリスク管理だけではなく、全社さらにグループ全体の総合的リスクマネジメントが重要になってきたのだ。

各社がこの取り組みを一段と強化したのは、グローバル・スタンダードの到来が喧伝《けんでん》された二〇〇〇年前後のことだ。

きっかけの一つ目は、欧米の格付け機関による総合商社の格付け引き下げである。一九九〇年代後半、金融危機で銀行の破綻《はたん》や貸《か》し渋《しぶ》りが広がるなか、格付け機関の行なう格付けが、株価を左右する要因としてもインパクトを持つようになっていた。すでに売上高よりも収益を重視する経営を行なっていたはずの総合商社だったが、巨額の売上高や総資産に対する利益率は欧米と比較すれば低く、優良企業と言われた三菱商事、三井物産でさえ格下げの憂《う》き目《め》に遭《あ》う。

きっかけの二つ目は、一九九〇年代末から二〇〇〇年代初頭にかけての「会計ビッグバン」による、連結決算制度の本格的導入、時価会計への移行、キャッシュフロー計算書の導入などである。各社とも、すでに一九七八年三月期からアメリカの証券取引委員会(Securities and Exchange Commission ＝SEC)による国際会計基準にもとづく連結財務諸表を公開していたし、これに先立《さきだ》って、キャッシュフロー計算書も開示していたが、これにより、有価証券報告書の様式も一新された。

各社はこの時期に、定量的リスク管理手法を導入している。最初に導入したのは住友商事であり、一九九六年の銅地金《じがね》不正取引事件後の体制立て直しが背景にあるとも言われている。一九九八年秋に発表した中期経営計画のなかで「RAROC（Risk-Adjusted Return on Capital。リスク調整後資本利益率）」という概念を導入した。

具体的に説明しよう。まずバランスシート上の各資産のリスクを勘案することで「リスク・アセット」を計測し、収益をそのリスク・アセットで割って「リスク・リターン」を算出する。これを社内の個別事業に適用して、それらがリスクに見合う収益を上げているかを客観的に評価することで、全社的な経営資源の最適配分を行なうことを可能にした。

また、計測したリスク・アセットに対し、株主資本と有価証券・不動産の含《ふく》み益《えき》の合計を「リスク・バッファー」と定義して、両者を比較し、リスク・アセットの量が自社の体力と比べて適正かどうかをはかることができるようになった。

その後、各社とも住友商事に続き、資産のリスク量と収益、あるいは資本コストと収益の関係を計測する指標を導入している。

伊藤忠商事の「RRI（Risk Return Index）」も、住友商事のリスク・リターンと同じ考え方に立つ。三菱商事の「MCVA（Mitsubishi Corporation Value Added）」は、収益と、リスクを加味した資本コストとの関係を定量化する指標を使用しており、三井物産の「PACC（Profit After Cost of Capital）」、丸紅の「PATRAC（Profit After Tax less Risk Asset Cost）」もこのタイプである。

こうした指標の使い方として、次の二つが注目される。

まず、社内セクションの再編成の判断材料とされる点だ。三菱商事の例を挙げると、MCVA導入と同時にそれまでの部・チーム制が廃止され、ビジネス・ユニット（BU）が設置された。そして、MCVAを基準に、各BUに「拡張型」「成長型」「再構築型」のいずれかのミッションが与えられ、再構築型のミッションを与えられたBUでは抜本的な事業立て直しが求められた。

同社が、メタルワンを日商岩井との事業統合で設立したのは、鉄鋼製品取引のBUを再構築型としたことにより、これを切り離すことになったからだ。

次に、子会社、関連会社の整理再編の目安としても使われる点である。これも三菱商事の例だが、3期連続で純利益が赤字または債務超過であるか、MCVAが3期合計で赤字である場合、そこから撤退するという「EXITルール」が定められている。つまり、投資のリサイクルに際し、これらの定量的指標は判断材料として役割をはたしているわけだ。

こうした指標の導入と同時に、連結子会社の経営健全化にも本格的な取り組みが行なわれた。

経営改革3　コーポレートガバナンスの強化

経営改革の第3は、コーポレートガバナンスの強化である。グローバル・スタンダードが求められるなかで、迅速な意思決定、責任の明確化、透明性の向上などが必要とされたためであり、次の二つが挙げられる。

一つ目が執行役員制の導入、社外取締役・社外監査役の導入、アドバイザリーボード・CSR（Corporate Social Responsibility）委員会の設置などの動きである。

これらは総合商社に限ったことではなく、広く日本企業全般にみられた改革だが、執行役員制の導入とともに取締役が経営を、執行役員が業務の執行を担当するという形での、責任の所在の明確化がはかられた。これは役員数の少数化（多くの企業で半減）をともなっており、意思決定の迅速化も狙ったとされる。

社外取締役・社外監査役の導入や、外部有識者からアドバイスを募るアドバイザリーボードの設置は透明性の向上を、CSR委員会・コンプライアンス委員会の設置は内部統制の体制強化を狙ったものである。

二〇〇二年の商法改正でアメリカ型の委員会設置会社が選択できるようになったが、多くの日本企業同様、総合商社業界でもこれを選択する会社はまだない。しかし、各社は、取締役と監査役の報酬を決める報酬委員会や、取締役候補者の選任権を持つ指名委員会、またはそれに準ずる組織を設置しており、欧米型のコーポレートガバナンスに近づいていると言える。

二つ目は、意思決定の迅速化をはかるために、かなりの権限が現場の部門長や本部長に委譲される体制が作られたことである。

その度合いには各社で濃淡があるが、伊藤忠商事が一九九七年に導入した「ディビジョンカンパニー制」はもっとも徹底したものだった。主として商品別にカンパニーを設け、各カンパニーに社内資本金を配分、各カンパニーのプレジデントは投融資や人事権などの幅広い権限を持ち、あたかも独立した事業会社のような経営が行なわれるようになった。

その後、二〇〇〇年に丸紅、二〇〇一年に住友商事が事業部門制を敷き、同様に部門長に大きな権限を与えた。三井物産は二〇〇三年に20の営業本部を13に集約、本部長にかなりの権限を与えている。

いっぽう、三菱商事は、前述したように事業を細分化したBU制を導入した。BUは部よりは小さいが課よりも大きな組織であり、下層部の組織統合をはかることで意思決定の迅速化をはかったものだ。むろんその上部に本部があり、各ユニットの採算を社長、各本部長が把握しやすくなっている。

こうして、一九六〇年前後に成立した総合商社の「原型」は、試行錯誤のなか、一九九〇年代後半から本格的に変貌し、二〇〇〇年代に入り総合事業運営・事業投資会社として開花した。さて、総合商社の特質を掘り下げていくために、ここでいったん視点を歴史に移すことにしよう。

第2章

商社の歴史・戦前——総合化と投資活動

戦前の商社について

戦前は、「総合商社」という言葉は存在しなかった。しかし、戦前にも総合商社と呼ぶにふさわしい商社がいくつか存在した。三井物産がその典型であり、数社がそれに追随した。

また、戦前の「総合商社」も、事業運営や事業投資と無縁ではなかった。むしろ、それを積極的に進めた商社すらみられた。ここに、戦前の商社史に分け入る意義がある。

そこで、まず現在、総合商社と呼ばれている企業のルーツを念頭に、戦前の商社群の成立、発展の過程をたどり、次に「総合商社化」の動きをみることにしよう。

総合商社が注目されたのは戦後であり、総合商社が〝何者〟であり、なぜ日本にだけ発生したのか、といった研究が盛《さか》んになったのも戦後だが、その研究対象として選ばれたのは戦前の「総合商社」であった。したがって、戦後における、戦前の商社の研究についても、本章で概略を述べることにする。その後に、戦前の商社による投資と生産活動への進出の実態を検討し、戦後の総合商社による投資との比較を行なう。

なお、戦前の形態は戦後と異なるため、「総合商社」とカッコつきで区別している。

江戸時代の貿易

江戸時代、鎖国下の日本では、輸出入は長崎の出島《でじま》でオランダ、中国（清《しん》）を相手に行なわれていた。近年、当時の貿易については、長崎を含む「四つの口」があったことが指摘されている。対馬《つしま》で朝鮮と、薩摩《さつま》で琉球と、松前《まつまえ》（北海道）でアイヌと行なわれた交易である（加藤二〇一二）。とはいえ、長崎での貿易が最大であり、これら3ルートはいずれも細かった。

長崎での貿易は、オランダ、清などの貿易商社が行なっていた。日本には、外国製品を取り扱う問屋や小売商はあっても、貿易商社は存在しなかった。いっぽう、対馬や薩摩経由で中国の物品が、松前経由で北方の海産物などが輸入されていたから、これらの物品を国内で扱う商人もいた。

しかし、そこに輸出入そのものを担う日本人業者はいなかった。日本の貿易商社は、幕末の開港以降に発生し、そのうちのいくつかが「総合商社」と呼ぶことのできる経営体に成長していくことになる。

長崎貿易では、金、銀、銅、そして俵物《たわらもの》（干《ほ》し鮑《あわび》や鱶鰭《ふかひれ》などの食材）などが輸出され、生糸《きいと》、織物《おりもの》、薬、砂糖などが輸入された。そこには、外国人商人（商社）に輸出品を売り渡したり、また買い取って国内で販売したりする日本人の「貿易商」が存在した。

住友家《すみともけ》（和泉屋）は、輸出用の銅を生産・供給した商人としてこれに数えることができる。別子《べっし》銅山を経営して銅の精錬を行なった住友家は、鎖国下で幕府に銅の輸出を認められた商人の1人だった。三井家《みついけ》（越後屋《えちごや》）は、呉服業や金融業を行なったが、貿易業にも進出、長崎から輸入品を調達していた。中国産の反物《たんもの》（織物）のほか、荒物《あらもの》（砂糖、錫《すず》、水銀、象牙《ぞうげ》、胡椒《こしょう》）などを扱った。

ただ、これらの商人は、国内流通が本業であり、貿易専門というわけではなかった。江戸時代には、江戸、大坂、京都の三都を中心とする全国市場が形成され、貨幣制度、街道や度量衡《どりょうこう》（度＝長さ、量＝容積、衡＝重さ）の整備によって、国内流通網が発達した。こうしたなかで、遠隔地貿易に携《たずさ》わる問屋や仲買が豪商として名を成《な》したが、鎖国政策の下で貿易に携わる者は例外的で、量的にもわずかなものにすぎなかった。

三井物産の設立は三井家の貿易業務の延長線上にはないし（後述）、住友商事は戦後に設立されているから、住友家の活動が現在の総合商社につながっているとは言えない。伊藤忠商事と丸紅のルーツである伊藤忠兵衛《いとうちゅうべえ》が、近江《おうみ》から麻布《あさぬの》の「持ち下り（出張卸売販売）」をはじめたのは幕末の一八五八（安政《あんせい》五）年のことだが、その後、呉服太物《ふともの》商を開き、長らく国内流通に携わっており、伊藤家の事業としては一八八〇年代になってはじめて輸出を試みている。

開港と居留地《きょりゅうち》貿易

アメリカに開国をせまられた日本が、アメリカ・イギリス・フランス・オランダ・ロシアと修好通商条約（安政の五カ国条約）を結んだのは一八五八年のことである。翌年の開港（開国）によってはじまった貿易は、「居留地貿易」という形を取った。

居留地貿易とは、開港場の特定区域を「居留地」に指定し、そのなかで外国人商人（外《がい》商《しょう》）が日本人商人と輸出品・輸入品の売買を行なう形式である。外国人が居留地を出て、たとえば日本国内の輸出品産地や輸入品消費地にまで乗り込んで取引することは禁止されていた。

「不平等条約」として知られる修好通商条約は、いわゆる領事裁判権（治外法権《ちがいほうけん》）と協定関税制を承認していた。とりわけ後者は、日本から産業育成手段として保護関税を採用する自由を奪った。これを取り戻した第二次条約改正は実に一九一一（明治四十四）年のことであり、多大な努力の積み重ねが語り継《つ》がれている。しかし、同条約で外国人商人の活動が居留地内に限られたことは、国内市場を外国人商人の進出から守った点で、大きな意味があった。

箱館《はこだて》、横浜《よこはま》、長崎、兵庫、新潟の5港が開港場とされ、その一定地域に設けられたのが居留地である（兵庫の開港は一八六八年、新潟は一八六九年）。江戸、大坂は「開《かい》市場《しじょう》」とされ、市街地のみが開かれたが、外国人の居留は認められず、逗留《とうりゅう》のみが認められた。居留地貿易は、領事裁判権の撤廃（一八九四年の第一次条約改正）後に居留地が廃止される一八九九（明治三十二）年まで続いた。

当初、外国人商人は長崎、上海《シャンハイ》、香港《ホンコン》に拠点を持ち、アジア貿易を行なっていた大規模な商社が中心だった。アヘン戦争にかかわったジャーディン・マセソン商会やデント商会、幕府や政府に軍艦・武器の納入を行なったグラバー商会などが有名だ。一八七〇（明治三）年時点で250社を超える欧米系商社があったが、うち約100社がイギリス国籍で、これにドイツ、フランス、アメリカ、オランダが続いた。

これらの外国人商人は、居留地で日本の商人と取引を行なった。居留地に輸出品を持ち込む日本の商人を「売込商《うりこみしょう》」、輸入品を外国人商人から引き取る日本の商人を「引取商《ひきとりしょう》」と呼んだ。幕末の主な輸入品は綿糸《めんし》、綿織物、毛織物などの繊維製品や艦船、金属類であり、輸出品は生糸、蚕種《さんしゅ》（蚕《かいこ》の卵）、茶であった。これを担った売込商や引取商には、江戸などの大商人（都市商人）と地方商人とがあった。

生糸の売り込みは、江戸の生糸問屋を経由するよりも、地方の生糸商人が産地から直接、横浜に持ち込むルートが太くなり、旧来の江戸中心の流通機構を突き崩《くず》していった。横浜の有力な生糸売込問屋のなかに、原善三郎《はらぜんざぶろう》（亀屋）、茂木惣兵衛《もぎそうべえ》（野沢屋）がいたが、のちに有力商社である原合名《ごうめい》、茂木合名として発展を遂げることになる。売込商としては、これら繊維問屋だけではなく、お茶や蚕種の問屋も活躍した。

都市商人では、三井は横浜の売込商相手に商品を担保とした融資を行ない、横浜で紙幣を発行するなど、金融面での貢献が大きかった。しかし、貿易では自らが売込商になるよりも、集荷した生糸を横浜の売込商に渡して口銭を得るという商売に終わっている。三

機関・商社	
住友、三井*	
三井*、小野、原、茂木*、甲州屋、岩井*、鈴木*、安宅(日下部)*、兼松*	
海援隊(亀山社中)、兵庫商社、商法会所、通商会社	
大倉組商会、起立工商会社、広業商会、森村組、三井物産、同伸商会、貿易商会	
内外綿、日本綿花、横浜生糸合名	
繊維関連	江商(北川商店)、半田綿行、山口商店、伊藤萬商店、八木商店、神田屋田村商店、岩田商事、豊島商店、丸永商店、又一、伊藤家*
その他	岩井商店*、鈴木商店*、岸本商店、安宅商会*、兼松商店
古河商事、浅野物産、久原商事、三菱商事	
鈴木商店*(のちに日本商業)、岩井商店*、伊藤忠商店*(のちに丸紅商店)、伊藤忠商事*、安部幸、増田屋、茂木合名*、高田商会、東洋棉花	

(諸資料より作成)

井、島田《しまだ》とともに政府官金の出《すい》納《とう》を請け負っていた小野《おの》も、生糸の売り込みを行なうようになるが、地方商人には後《おく》れを取った。

いっぽう、引取商の多くは旧来の流通機構を支えた江戸商人であり、売込商の場合と異なる。綿布《めんぷ》や機械製綿糸、毛織物などが旧来のルートで流通した。のちに総合商社的な発展を遂げる岩井《いわい》商店や鈴木商店は、江戸商人ではないが、引取商としてスタートした。

図表8　幕末から戦前までの商社

	時期	性格	存在・機能した時期
貿易関連商人・機関	鎖国期	貿易商	～1859年
	居留地貿易期	引取商・売込商	1859～1899年
	幕末・維新期	貿易促進のための組織	1860～1870年代
商社	維新期	直輸出促進のために設立された商社	1873年頃～
	企業勃興期	新規設立の会社組織商社	1886年頃～
		国内商人や引取商・売込商から転じた商社	
	第一次大戦ブーム	新規設立の財閥系商社	1917年頃～
		従来から存在し、急成長した商社	

※＊は2カ所以上に登場するもの
※時代により名称が異なる場合あり。三井（三井家）と三井物産は別主体とした
※東洋棉花は、1920年に三井物産の綿花部門を分離して独立

岩井商店はもともと大坂に店を構《かま》えた雑貨の仲買《なかがい》だったが、明治維新の頃には引取商となった。鈴木商店は一八七四（明治七）年頃、洋糖《ようとう》の引取商として神戸《こうべ》で営業を開始した。安宅商会の創業者である安宅《あたか》弥吉《やきち》は日下《くさか》部《べ》商店に入店し、のちに香港支店支配人として活躍するが、この日下部商店も引取商であったとみられている。

図表8は戦後の商社のルーツを意識して、戦前の商社群とそれ以前の関連機関を整理したも

のである。本章を読み進めるに際し、参照いただきたい。

幕末・維新期の「商社」

商社発生史で注目される組織に、兵庫商社がある。兵庫開港をにらみ、幕府が一八六七（慶応三）年に立ち上げた組織だ。「商社」という名称を冠する組織としては、確認できる範囲でもっとも古い。設立わずか4カ月で王政復古を迎え、その後消滅してしまうが、それは商社と言うよりも、幕府発行の金札《きんさつ》（紙幣）を貿易商人に貸し付け、兵庫港の貿易を統括しようとする政策的な狙いの強い機関であった。

これには、居留地貿易で主導権を握っていた外国商館に対抗する狙いがあったが、貿易を担ったわけではない。幕末から明治にかけて、「商社」の語は現在の「会社（company）」を意味した。兵庫商社は、その意味で命名されたものと思われる。

明治新政府が豪商らに命じて一八六八（明治元）年に組織させた商法会所《しょうほうかいしょ》と翌年に全国に8社作られた通商会社も、同様の組織と位置づけられる。両者とも、紙幣を発行し貸し付けることで生産や流通の発展をはかり、また貿易を管理するのが目的だった。商社よりも銀行に近い性格だったが、民間の自発的な動きでなかったこともあり、一八七三(明治六)年には活動を停止する。

坂本龍馬《さかもとりょうま》が立ち上げた海援隊《かいえんたい》も、商社のさきがけのようにとらえられることがあるので、触れておこう。

海援隊は一八六七(慶応三)年に設立され、翌年に龍馬の暗殺をもって解散された。それは、倒幕を志す諸国脱藩浪人の政治的結社であったが、政治活動と隊員の生活を支えるために商業活動も行なった。たとえば、その前身である亀山社中《かめやましゃちゅう》という結社は、長崎のグラバー商会が輸入した艦船を薩摩藩の手に渡した。とはいえ、純粋な商活動とは言えないことから、依然「商社らしきもの」の域《いき》を出ないと言えよう。

日本人商社の誕生

明治維新政府の下でも居留地貿易は続けられたが、営業の自由を認める政策が次々に打ち出されるとともに、日本人商社が輸出を行なう「直輸出《じき》」奨励政策が取られることになった。地租《ちそ》改正事業(一八七三~一八八一年)によって徴税基盤を確立した新政府は、鉱山・鉄道・電信・製鉄・製糸などの官営事業を興《おこ》すなどの殖産興業政策を進めた。直輸出奨励策は、その一環でもあった。

政府は、外債《がいさい》（外国債）償還のために外貨《がいか》獲得を急務としていた。また、開港後の貿易は外国商館に握られ、日本の輸出品はしばしば買い叩《たた》かれたため、商人の間に「商権回復」運動が起きていた。

こうしたなか、日本人商社が設立される。日本において、商社は直《じき》貿易の担い手として誕生したと言ってよいだろう。直貿易を担う者こそ、単なる問屋・仲買でも売込商・引取商でもない、新しい役割を担う商社であった。

最初の日本人商社と言えるのは、一八七三（明治六）年に設立された大倉組商会（のちに大倉商事）であろう。その後、起立工商会社《きりゆうこうしようかいしや》（一八七四年設立）、森村組（一八七六年）、広業商会《こうぎようしようかい》（一八七六年）、そして戦前の「総合商社」の理念型に成長する三井物産（一八七六年）などが設立された。

当初の直貿易では、日本人商社は現地（輸出入先）のエージェント（代理店）と専属的な契約を結んでいたが、次第に直接支店を開設して代替するようになった。大倉組商会は、設立翌年にロンドン支店を開設したが、これが日本商社海外支店の第1号である。一八八一（明治十四）年までに、三井物産、森村組など10社（日本人社員31人）がニューヨーク支店を開設している。生糸や雑貨の直輸出を手がけるためである。

ちなみに、起立工商会社はウィーン万国博覧会を契機に設立された工芸品などの直輸出商社であり、広業商会は政府の肝煎《きもい》りで北海道の特産品を清に輸出する商社だったが、いずれも大商社に発展することなく消えていった。森村組は、陶磁器《とうじき》の輸出からその生産に事業を拡大し、現在のノリタケ・カンパニー（洋食器、セラミックス）の祖となるが、総合商社としては発展しなかった。

三井物産の誕生

三井物産は一八七六（明治九）年、その前身とされる貿易会社である先収《せんしゅう》会社と、三井の国内向け流通を担う三井組国産方《こくさんかた》の業務を合わせる形で設立された。ちなみに、先収会社は、政府内の意見対立に際し大蔵大輔《たいふ》（次官）を辞任・下野《げや》した井上馨《いのうえかおる》が、一八七四（明治七）年に設立した貿易会社である。そして、先収会社東京頭取として実績を上げた益田孝《ますだたかし》が、新政府から貿易事業に取り組んでほしいとの要請を受け、直貿易の拡大を目指す。井上の官界復帰にともない、その事業と人材を三井が引き取った格好だ。

ただ、当初はコミッション・ビジネス（手数料商売）を前提としたため、無資本で設立され、三井家とは距離を置いていた。その後、一八九三（明治二十六）年に合名会社に改組した時に、ようやく三井家の直営事業となり、グループの中核的存在になっていく。

創業期の三井物産は、外貨獲得の政府目的に沿った直輸出商社と言えるが、当初は国内取引と（直）輸入業務の比重が大きかった。しかも政府御用《ごよう》商売が多く、政府米の輸出・国内売買、石炭輸出、絨《じゆう》（毛織物）輸入（陸軍省への納入）など、政府から委託された商品の取り扱いが中心だった。

海外支店第1号は、清国政府からの借款《しやっかん》要請を受けて一八七七（明治十）年に上海に置かれたが、官営三池《みいけ》炭鉱の一手販売権を得て直輸出を行なうためでもあった。一八七八（明治十一）年には政府からパリ万博への出品業務を委託され、パリ支店を開設するが、その際、官営富岡《とみおか》製糸場生産の生糸の一手販売権を獲得している。一八八〇（明治十三）年、それまで米の輸出を請け負っていた現地の代理店を引き継ぐ形で、ロンドン支店が発足した。

だが、次第に民間の財《ざい》、すなわち石炭（三池炭鉱は一八八八年に払い下げ）、生糸、綿花、機械などを取り扱うようになっていった。とりわけ、綿紡績業と結びつくことにより、綿花輸入、紡績機械の輸入、綿糸輸出などの取引を増大させた。

専門商社の登場

日本の産業革命は一八八六（明治十九）年頃を起点とし、日清・日露戦争を経《へ》た一九〇九（明治四十二）年頃を終期とするのが定説である。この間、「企業勃興」と呼ばれる企業設立ブームが起き、一八八〇年代後半の第一次企業勃興期に、鉄道業と紡績業が発展した。

企業設立は一八九〇年恐慌で中断したが、日清戦争後の一八九五（明治二十八）年から、獲得した賠償金を背景に、再び創業が相次《あいつ》いだ。この第二次企業勃興期には、地方鉄道、紡績業のほか、銀行、電力、造船、石炭など重工業関連企業も多く設立されている。商人・地主層の資産形成が進み、株式会社が一般化し、賃労働者も形成されていたからである。

こうしたなか、紡績会社とともに、綿花を直輸入する有力な繊維商社が次々に設立される。そのきっかけは、一八八六（明治十九）年に大阪紡績（一八八二年設立）が中国綿花を原料とすることになり、その輸入を三井物産が手がけたことである。その成功によって大紡績企業が続々と登場するが、三井物産は日本の紡績会社が設置した紡績機械のほとんどをロンドン支店経由で輸入した。同社は、綿花をインドから買いつける委託を鐘淵《かねがふち》紡績などから受け、そのためにボンベイ出張所を一八九三（明治二十六）年に開設している。

しかし、綿花の輸入は三井物産だけではまかないきれず、専門商社が設立された。一八八七（明治二十）年に大阪の綿花商が集まって設立した内外綿《ないがいめん》は、中国綿花、インド綿花を輸入して紡績企業に原料を提供した。もっとも、その後、業務内容を綿糸紡績、織布《しょくふ》にシフト、総合商社としては発展しなかった。日本綿花は、一八九二（明治二十五）年に大阪の摂津《せっつ》・平野《ひらの》・尼崎《あまがさき》・天満《てんま》の四つの紡績会社が中心になって設立され、インド綿やエジプト綿を直輸入した。同社は、戦後のニチメンにつながっていく。さらに、半田《はんだ》綿行《めんこう》、江商《ごうしょう》（北川商店）なども綿花輸入を行なった。

いっぽう、綿糸布の直輸出を手がける商社も現われる。綿糸の国内販売から輸出に進出したもの、洋反物の引取商から直輸入に転じて国内販売から海外に販路を広げたものなど、さまざまな出自のものがあったが、繊維製品の国内販売と輸出入を手がける専門商社として発展した。

たとえば、一八八二（明治十五）年に山口商店が、一八八三（明治十六）年に伊藤萬《いとまん》商店が、一八九三（明治二十六）年に八木商店が、一八九四（明治二十七）年に神田屋田村商店（のちに田村駒《たむらこま》商店→田村駒）が設立された。また、岩田商事、豊島《とよしま》商店、丸永《まるなが》商店（のちに丸永）、又一《またいち》なども挙げることができる。

近江で繊維販売をしていた伊藤家も、繊維商社としての地位を確立していたが、貿易に進出するのはさほど早くない。一八八五（明治十八）年、伊藤忠兵衛が甥《おい》の外海鉄次郎《そとうみてつじろう》とともに伊藤外海組を組織し、雑貨輸出を試みたが発展せず、10年後に解散した。その後、一九〇四（明治三十七）年に輸出部を設置し、朝鮮、中国などへ直輸出を行なうようになった。なお、第一次大戦期の一九一八（大正七）年に伊藤忠商店と伊藤忠商事に分かれ、前者が一九二一（大正十）年に丸紅商店と改称されることになる。

これらの繊維専門商社は、のちに「三綿《さんめん》（日本綿花、東洋棉花、江商）」、さらに丸紅商店、伊藤忠商事を加えた「関西五綿《ごめん》」、また「船場《せんば》八社（又一、岩田商事、丸永商店、田附《たづけ》商店、竹村綿業、竹中商店、豊島商店、八木商店）」などと呼ばれて、戦後に至る。

綿以外の繊維分野に目を転じると、生糸の直輸出商社として、富岡製糸場の製品の販売委託を受けた同伸《どうしん》商会（一八八〇〜一九〇九年）や、貿易商会（一八八〇〜一八八六年）、横浜生糸合名（一八九三〜一九二四年、三菱商事に事業譲渡）など数社がある。だが、いずれも大きな商社には発展しなかった。生糸は相場変動が激しく、資金繰《ぐ》りの点で難しさがあったためと言われる。

兼松商店は一八八九（明治二十二）年に設立された。オーストラリアから羊毛を輸入し、日本の毛織物産業の成長を促《うなが》すなど、中国、朝鮮への展開から日豪貿易に特化し、肥料、小麦、大麦などの輸入、手巾《しゅきん》（ハンカチ）、羽二重《はぶたえ》（織物）、雑貨を輸出して、早くから総合商社的な発展を遂げた。

引取商だった岩井《いわい》家は、医薬品、金物、毛織物、文房具などの直輸入からはじめ、マニラ麻、砂糖、ゴムの輸入なども手がけた。それだけに、これも当初から総合商社的な展開をみせている。のちに鉄鋼商社と言われるようになるが、鉄鋼取引の本格化は第一次大戦後のことだ。

このようにして、日本の商社は取扱シェアを高めていった。一八八七（明治二十）年の直貿易比率は輸出12・5％、輸入15・7％だったが、一八九七（明治三十）年にはそれぞれ27・2％、36・7％まで上昇した（居留地制度は一八九九年に廃止）。別の推計では、日本商社の取扱率が輸出入合計で一八九七（明治三十）年に32・6％、一九〇〇（明治三十三）年に38・1％、一九一一（明治四十四）年に52・5％と増加している（石井二〇〇三）。

おおむね、一九一〇年代初頭までには、日本商社の扱いが外国商社の扱いを上回ったとみてよいだろう。

第一次大戦と商社設立ブーム

一九一四（大正三）年に第一次大戦がはじまると、ヨーロッパから日本あるいはその他のアジア諸国への輸出が途絶《とだ》えた。そのため、日本の製造業はヨーロッパからの輸入を代替しただけでなく、ヨーロッパからアジア諸国への輸出をも代替することになった。この動きは当然、商社活動（特に輸出および三国間貿易）を量的にも、また取扱品目、取引地域の多角化という質的な面でも活発化させた。

日本の戦前の実質成長率はおおむね年率2〜3％だが、第一次大戦期には6％程度に跳《は》ね上がる。この空前の好況のなか、商社設立が相次ぐ。さらに、既存専門商社のなかに、総合商社化を目指すものが出てくる。のちに総合商社となった社のうち、いくつかはこの時期にその基礎を固めたと言ってよい。

この商社設立ブームで、顕著《けんちょ》な動きを示したのが財閥である。三井財閥はすでに三井物産を擁《よう》していたが、それ以外の財閥も、それまで鉱工業製品販売のための付帯事業として、内部に商社機能を持っていた。この財閥内販売機構を分社化して、総合商社化する動きが起こり、一九一七（大正六）年に古河商事が、一九一八（大正七）年に浅野物産、久《く》原《はら》商事、三菱商事が相次いで設立されている。

三菱財閥は海運業や鉱山業に重点を置いていたため、当初、貿易には乗り出さず、三菱合資会社内に売炭部《ばいたん》ができるのは一八九六（明治二十九）年のことである。しかし、一九〇六（明治三十九）年以降、銅をはじめとするその他商品も扱うようになっていた。

もっとも、同じ財閥でも、住友、安田はこの時、商社の設立を行なわなかった。住友財閥は、資源開発・製造業などの分野を中心とすべきで、人材面・企業体力面から商事活動進出の機《き》が熟《じゆく》していないとの慎重な経営判断から、設立を見送る。安田財閥は、そもそも金融業に特化した財閥であり、それ以外の業務への展開を指向しなかった。

非財閥系では、売込商や引取商からスタートし、すでに貿易商社としての体制を整《ととの》えていた安部幸《あべこう》、増田屋、茂木合名なども業務を拡大し、総合商社化をはかっていった（大島二〇一二）。

特筆すべきは、鈴木商店の急成長である。鈴木商店は、大戦勃発にともなう混乱のなか、鉄をはじめとする商品の買い占めと船舶の大量発注などで、積極的に事業を拡大。その結果、一九一七（大正六）年、商品取扱高で三井物産を抜き、日本最大の総合商社となった。

なお、三井物産は一九二〇（大正九）年、綿花部門（綿花、綿糸、綿布）を分離独立させ、東洋棉花（のちにトーメン、現・豊田《とよた》通商）を設立した。綿花商売が投機的であり、同業他社との競争が激烈だったため、独立によって機動性と資金調達力を強化する必要があったためとされる。両社は協定を結び、取扱商品の棲み分けを行なっていたが、三井物産側が次第に制約に不満を持つようになり、太平洋戦争中の一九四二（昭和十七）年、同協定は破棄される。

戦後不況と淘汰《とうた》

第一次大戦後に叢生《そうせい》した商社のうちいくつかは、一九二〇（大正九）年の戦後恐慌と、その後の不況によって淘汰される。高田商会、茂木合名、増田屋、安部幸が破綻、伊藤忠商事や岩井商店は生き残ったものの、経営危機に陥《おちい》り、長期間無配を続けることになった。図表9の左列＝一九二六（昭和元）年をみると、それがわかる。

古河商事は、中国の大連《だいれん》市場における豆粕《まめかす》の先物取引で失敗、最終的には古河鉱業に吸収されて消滅した。住友も古河も産銅業を中心に多角化していたが、住友が商事会社の設立を回避して財閥としての発展を遂げたのに対し、古河は商事会社の破綻によって一流財

（千円）

資本金
100,000
100,000
35,000
30,000
30,000
23,150
10,000
10,000
8,500
7,500
7,000

より作成）

図表9　戦前の商社の資本金ランキング

1926年

	社名	資本金
1	三井物産	100,000
2	鈴木商店	50,000
3	日本綿花	26,000
4	江商	20,000
5	東洋棉花	15,000
6	三菱商事	15,000
7	大倉商事	8,000
8	伊藤忠商事	7,000
9	岩井商店	7,000
10	丸紅商店	5,000
11	伊藤萬商店	5,000
12	兼松商店	5,000
13	日本商業	5,000
14	安宅商会	3,000
15	丸永商店	3,000
16	八木商店	3,000
17	日本生糸	3,000
18	高島屋飯田	2,000
19	森岡商店	1,200
20	浅野物産	1,000
21	旭シルク	1,000
22	豊島商店	1,000
23	大同貿易	1,000

1936年

	社名	資本金
1	三井物産◎	100,000
2	三菱商事◎	30,000
3	東洋棉花◇	25,000
4	江商◇	18,000
5	岩井商店△◎	13,000
6	日本綿花◇	12,750
7	大倉商事◎	10,000
8	伊藤忠商事◇	10,000
9	丸紅商店◇	10,000
10	伊藤萬商店◇	8,000
11	兼松商店◇	7,000
12	日本生糸◇	5,000
13	安宅商会△◎	4,500
14	高島屋飯田◇	4,000
15	日商△◎	3,000
16	浅野物産＊	3,000
17	旭シルク◇	3,000
18	豊島商店◇	3,000
19	丸永商店◇	2,000
20	八木商店◇	2,000

1945年

	社名
1	三井物産
2	三菱商事
3	東洋棉花
4	日本綿花
5	岩井産業
6	江商
7	内外通商
8	浅野物産
9	安宅商会
10	日商
11	兼松

※◎は「総合商社」、◇は繊維系、△は鉄鋼系、＊は鉱物系

（『銀行会社要録』第31版、『銀行会社要録』第41版、『日本財閥とその解体』

閥への発展の道を閉ざされたと評価することもできる（大島二〇一一）。

一九二七（昭和二）年に破綻した鈴木商店は貿易商社でありながら、持株会社《もちかぶがいしゃ》化して新事業を次々に立ち上げ（後述）、多角化をはかっていた。戦後恐慌は乗り切ったものの、多角化戦略は継続され、業績が次第に悪化した。

その後、震災手形の処理法案をめぐって金融不安が高まるなか、鈴木商店の機関銀行化していた台湾銀行が貸出を回収したため、破綻を余儀なくされる。この混乱が、一九二七（昭和二）年の金融恐慌につながっていく。混乱収拾後、鈴木商店は日本商業（のちに日《にっ》商《しょう》→日商産業→日商→日商岩井→双日）として再建された。

図表9の中列＝一九三六（昭和十一）年をみると、順位がどのように入れ替わったかがわかる。同年は、戦時体制に入る直前と言える。ここでは、戦後恐慌では生き残った鈴木商店が姿を消し、三菱商事や岩井商店が躍進しているのが目につく。

しかし、三井物産の首位は動かず、全体の顔ぶれにもさほど大きな変化はない。これが、戦前の商社の産業組織の到達点とみてよいだろう。このうち多くの企業が、戦後初期の商社業界を形成していった。

戦前商社の「総合商社」化

戦後から振り返ると、戦前期に「総合商社」と呼びうる形を整えていたのはまず三井物産である。さらに三菱商事、鈴木商店が挙げられ、大倉商事、岩井商店が加えられることも多い。

前述のように、戦前に「総合商社」の呼称は存在しなかった。戦後、一九五五（昭和三十）年頃から、わが国産業界およびジャーナリズムで使用されはじめたと言われている。実は「商社」という呼称すら、使われていたかも怪《あや》しい。

幕末から明治期に、「商社」が現在の「会社」の意味で使われたことはすでに述べたが、戦前から戦後にかけて商社に勤務した関係者によれば、「商社」という言葉が使われ出したのも「総合商社」の語が使われはじめたのとほぼ同じ時期であるという。三井物産は「物産」、三菱商事は「商事」、伊藤忠商事・丸紅商店など5社は「関西五綿」と呼ばれており、それらを総称して「商社」という呼び方をする習慣はなかったようである（大木一九七五）。

とはいえ、戦前に商社と呼ぶべき企業群が存在し、そのうち多くが総合商社的な展開を目指し、何社かがそれを成し遂げていたのは事実だ。ここでは、この動きをみてみよう。

この場合、何をもって総合商社化とするかのメルクマールは、ひとまず戦後確立した総合商社の「原型」にみられた特徴に置くべきだろう。簡単に言えば（第3章で詳述）、取扱商品、活動拠点の多様性と規模の大きさに加え、トレード以外の属性、つまりオーガナイズ・投資・金融・情報の各機能を備えているか、という点である。

戦後盛んになった戦前の「総合商社」諸研究では、ほぼこれらの要素を意識して総合商社化が論じられてきた。ただ、ビジネスモデルの観点からは、単なる手数料（口銭）収入だけでなく、自己勘定取引（仕切り取引、見込み取引）をうまくリスク管理できるかどうか、が総合商社の条件として重視されてきた。

また、学卒者、つまり当時の大学や高等商業を卒業した人材が採用されているかも問題にされてきた。これらは、戦後総合商社の「原型」の特徴としては議論されていない点である。

ここでは、これらも考慮して、戦前の商社の総合商社化の目安として以下を設定する。

①取引品目の多様化、②支店網など地域的展開の広がり、③取引額ないし企業規模の巨大

化、④学卒者が多く、高度な人材を抱え育成している点、⑤トレードを超えるビジネスモデルとして見込み取引が導入され、適切なリスク管理がされている点、⑥投資（あるいは事業運営）を行なっている点、である。

三井物産の「総合商社」化

三井物産は一八九三（明治二十六）年、合名会社に改組した頃には「総合商社」としての形態を整えていたというのが、一般的な評価である。第一次大戦後、これに三菱商事、鈴木商店が続いた。したがって、三井物産の総合商社化の動きを中心に、右記のメルクマールに沿って追いながら、それ以外の商社の状況も検討してみよう。

第1に、取引品目の多様化について。

三井物産は取引品目の多様化をかなり早い時期から実現していた。前述のように、一八七六（明治九）年の設立当初、政府御用商売として政府米・石炭の輸出、絨の輸入などを行ない、生糸、茶、海産物の直輸出を行なっていた。

その後、一八八〇年代後半の第一次企業勃興期に、紡績業の発展をとらえて綿花と紡績機械の輸入を手がけたあたりから御用商売を脱却、明治末期にかけて輸入品としての綿花と機械が、輸出品としての綿糸・生糸・石炭が、取り扱いの中心になった。

一九〇八（明治四十一）年時点における取扱品目数はこれらに加え、砂糖、米、綿布、羊毛、マッチ、大豆、樟脳《しょうのう》（医薬品、香料、殺虫剤、防臭剤などに利用）などを含む110品目に達していた。三井物産は多くの大企業と多様な品目で取引を行なったが、それらの企業のほとんどに機械か石炭での取引関係を持っており、この2品目が取扱品目多様化のキーとなっていた。また、石炭の取り扱いで競合関係にあった古河鉱業、三菱合資などとも、機械の輸入においては顧客関係にあり、三井物産は機械取り扱いにおいて突出した優位性を持っていた（長廣二〇一二）。

その他の商社では、岩井商店や大倉商事、鈴木商店らが当初から多様な品目を取り扱っていた。だが、三井物産にせまる規模で取扱品目を多様化させるのは、第一次大戦後にかけての三菱商事、鈴木商店などに限られた。

第2に、海外ネットワークの形成について。

三井物産は海外ネットワークの形成でも、先頭を走っていた。だが、専門商社にとどまった多くの商社も海外拠点網を築《きず》いており、三井物産に限られた現象ではなかった点にも注目する必要がある。

海外支店の開設は、一八七〇年代の、直輸出のための商社設立時にさかのぼる。しかし、日清戦争後の第二次企業勃興の時代に、中国、朝鮮などアジアに多くの支店が設立され、販売・情報ネットワークが築かれた。三井物産は、日清戦争から日露戦争直後にかけての10年強の間に中国、朝鮮、インド、東南アジアに20店以上を展開。一九〇五（明治三十八）年に海外支店数が国内支店数と並び、以後、上回っていく。しかし、日本綿花、兼松商店などの専門商社も、海外ネットワークを大きく拡大させていった。

その結果、日本商社は、直輸出を超える事業を展開していくことができた。つまり、①アジア市場で中国商社のビジネスを代替して中国製品の買いつけも直接行ない、②取引品目の多様化が促進され、③三国間取引が拡大した。さらに、④仕切り取引や、⑤投資（事業運営）への足がかりともなった。

三国間取引では、三井物産がすでに一八九五（明治二十八）年に絹などの中国製品をヨーロッパとアメリカに輸出し、アメリカのレール関連製品や木材を、ヨーロッパと中国に輸出したが、上海支店はこれらに重要な役割をはたした。日本綿花も、三国間貿易を進めるため、ブレーメン、リバプール、ロンドン、ミラノに現地法人や支店を設立している。

第3に、事業規模について。

資本金をみる限り、事業規模は戦前を通して三井物産が首位であり、突出している。図表9（84〜85ページ）から、鈴木商店、三菱商事などの総合化していた商社の規模が大きいこともわかる。しかし、日本綿花、東洋棉花、江商など専門商社も、それらに引けを取らない規模を持っている。戦後に比べると、戦前は巨大専門商社が幅を利《き》かせていた、と言ってもよいだろう。

第4に、学卒者の採用について。

高度な人材つまり学卒者を雇《やと》い、海外支店に常駐させ、かなりの権限を認める分権的組織を作り上げたことが、イギリスの多国籍商社などとの違いとして指摘されてきた。

確かに、英語や経営の潜在能力を持った高等商業などの卒業生が商社に入社していた。三井物産では、一八八〇年代から学卒者の定期採用を開始、一九四一（昭和十六）年には、当時の従業員の約4割にあたる731人の学卒社員を有するに至ったという（米川一九八三)。

第5に、見込み取引とリスク管理について。

仕切り取引への進出は、アジアにネットワークを築いたあたりから、三井物産、日本綿花を中心に行なわれていた。

生産者から委託手数料(口銭)を取るコミッション・ビジネスに対し、仕切り取引では、たとえば売り先を決める前に生産者から商品を買い取り、売り捌《さば》く「買い越し」や、逆に販売する商品を仕入れる前に販売契約を行なう「売り越し」を行なう。商品価格の変動を見込んで高い収益を狙えるが、リスクも高い。

ジャーディン・マセソン商会などのヨーロッパ商社では、手数料取引の原則を一八七〇年代に確立し、一九一〇~一九二〇年代においても固く守っていたという。これに対し、日本の商社は見込み取引を取り入れることにより、ヨーロッパ商社を出し抜くことができた(石井二〇〇三)。

もっとも、三井物産では、商品取引はコミッション・ビジネスを主とする方針が徹底され、本店の許可なしに営業店が見込み取引を行なうことは禁止されていたという。高収益を狙う半面、リスク管理の意識も高く、こうしたリスク管理ができていたことが、総合商社化のメルクマールともされた。古河商事が大連市場で豆粕の先物取引に失敗し、姿を消したことは前述のとおりである。

第6に、投資について。

投資（事業運営）への進出は、やはりアジアにネットワークを築いた時期から、中国での生産活動（紡績工場など）への投資・運営によって行なわれた。この点も三井物産だけでなく、日本綿花を中心とする専門商社にもみられた。それは、第一次大戦を経て、三菱商事、鈴木商店などによる国内事業運営へと広がりをみせるが、この点は後述する。

このようにみてくると、海外ネットワークの拡充が、戦前の商社発展、あるいは総合商社化のキーポイントであったと言えるだろう。

戦前の「総合商社」と専門商社

このように、第一次大戦前までに、いくつかの商社がアジア、ヨーロッパ、アメリカに拠点を築いていた。これらの商社は、海外ネットワークの拡充や取扱品目の多様化を軸に、見込み取引や生産活動、三国間貿易への参入が進み、そのなかに「総合商社」と呼んでよい形態の企業が発生した。

取扱品目に重点を置くと、明治期後半において「総合商社」と呼べるのはひとまず三井物産だけであろう。しかし、拠点の多様化、規模の大きさ、三国間取引、見込み取引、事業投資では、日本綿花などの巨大専門商社もその域に達していた。

第一次大戦後、新設あるいは急成長した商社が加わり、一九二〇～一九三〇年代には、三井物産に加えて、三菱商事、鈴木商店を、さらに大倉商事、岩井商店を総合商社にカウントしてもよいだろう。ただ、この時点でも、大倉商事や岩井商店を上回る規模のいくつかの専門商社が、総合商社と遜色《そんしょく》のない活動を行なっていた点は注目される。

日中戦争勃発後の戦時体制下、日本の商社全般が、投資（事業運営）への進出を進め（後述）、専門商社の活動はますます「総合商社」に近づいていった。戦後の総合商社確立の背景の一つが、戦時中に形成されていたのだ。

戦後盛《さか》んになった、戦前の商社研究

総合商社の概念は戦後になって成立した。したがって、総合商社の研究も戦後になって盛んになった。そのテーマは「総合商社とは何か」「なぜ日本にだけ成立したのか」だったが、とりわけ後者において、研究対象が戦前の商社に置かれた。その研究には膨大な蓄積がある。ここでは、それら諸学説の要点をかいつまんで説明しよう。

一九六〇年代後半に総合商社研究が本格化したのは、第1に、10大総合商社体制が確立し、高度成長の牽引役として注目を浴びたからである。

第2に、高度成長のさなか、日本の戦前における近代化過程が論じられるようになり、戦前の「総合商社」がはたした役割がクローズアップされた。総合商社は戦前から戦後にかけての連続した経営体として認識されつつ、注目されたのだ。東洋史研究者でもあった、ライシャワー駐日アメリカ大使（一九六一〜一九六六年在任）は、「近代化論」で日本の論壇に新風を吹き込んだが、そのなかで戦前日本の近代化モデルにおける総合商社の役割の重要性を強調している。

第3に、一九六六（昭和四十一）年に三井文庫資料が公開されたことが、戦前の三井物産を中心とする実証的な商社研究を可能にした。

中川《なかがわ》・森川《もりかわ》論争

総合商社研究は、経営史学系と経済史学系の研究に大きく分けることができる。経営史分野で「なぜ日本に総合商社が生まれたか」をはじめて理論的に説明したのが、東京大学教授（当時。以下、研究者の肩書きはすべて当時）の中川敬一郎《けいいちろう》である。中川の説は、次の二つのポイントから成っている。

第1に、日本のような後発国の工業化では、貿易に関する「組織化された企業者活動」が必要であり、その組織化の一つの結果が総合商社である。工業化に際しては、原材料や機械を輸入する必要があるが、そのための外貨を獲得すべく伝統的産業の生産物を輸出する強力な国際商業企業として、総合商社が成立した。これは、途上国（開発途上国）が工業化を開始する時点で、政府や銀行が工業化の強力な組織者として活動することが重要なカギになる、という経済学者ガーシェンクロンの経済発展理論を援用したものである。

第2に、工業化初期の日本には外国為替取引、海上保険、海運など貿易に関する補助業務が発達していなかったため、貿易商はそれらの補助的業務を兼営しなければならなかった。しかし、そのためにはそれを兼営する十分な取引量が必要となり、貿易商社はその力量を確保するために総合商社化していった（中川一九六七）。

これを批判して、自らの総合商社成立の論理を示したのが、法政大学助教授の森川英正《ひでまさ》であった。森川が反論したのは中川の第2点のみだが、総合商社の典型である三井物産が補助業務を兼営したことはないという事実をもって否定した（森川一九七二）。

森川自身は、なぜ日本にだけ総合商社が発生したのかを、次のように説明している。

そもそも、日本のような後発国では、発展させるべき事業分野が幅広いのに、それに挑戦すべき企業家や経営資源は限られているため、事業体は多角化を進めなければならない。とりわけ、商社は高度な能力を有する人材への依存度が決定的に高いのに、当時の日本にはそのような人材は少なく、人件費も高かったから、人材をフル活用するために、一《いち》商品、一《いち》地域にとどまることはできずに総合商社化していった（森川一九七六）。

これが有名な「人材フル稼働仮説」であり、森川はこの説を三井物産などが海外支店において、人材を有効活用するために複数のターゲットを設定して活動していた点に着目して展開した。

これが、日本の経営史学史上で著名な「中川・森川論争」である。

生き残りのための企業活動説

これに対して、一橋大学教授の米川伸一《よねかわしんいち》は、比較経営史の視点から、欧米にも過去に総合商社が存在し、また現在（当時）も存在するとしながら、わが国には特に総合商社誕生に適合的な条件がそろっていた、と強調した。

商社の経営基盤は脆弱《ぜいじゃく》である。製造業と違い、固定資本への投資が少なく、ノウハウも必要としないため、参入障壁が低いからだ。したがって、生き残りのために、経済学者シュンペーターが述べているような革新的企業活動が必要になる、と米川は主張した。すなわち、新しい販路の開拓、新しい商品の開発、新しい販売方法・組織の構築、新しい商品供給源の獲得が行なわれるようになり、その活動の結果が総合商社化である、というわけだ。

では、なぜ日本にだけ発生したのか。

イギリスやアメリカでは卸売企業の場合、非公開会社でファミリービジネスにとどまる傾向が強い。したがって、総合化の過程で、統制のない別個の商社として解体する危険をはらんでおり、「俸給経営者《ほうきゅう》」を雇用してまで、あえて拡大しようとする意志が働きにくい。これに対し、日本では開国後の時期に、貿易業者育成が国家戦略的重要性を持った。しかし、貿易は従来の国内卸売業者になじまず、学卒俸給社員の大量採用を前提に、貿易商社は最初から総合商社としての戦略路線のうえに経営された（米川一九八三）。

アウトラインは、日本には、強力な貿易企業を育成しようという国家戦略があったため、商社が経営者支配企業として存在し、革新的企業活動がうまく作用して総合商社が生まれた、ということになろう。

「総合化の論理」

「中川・森川論争」以来、「なぜ日本にだけ総合商社が成立したのか」を説明するロジックは、「総合化の論理」と呼ばれてきた。諸説を踏まえて、総合化の論理の集大成を試みたのが、東京大学教授の山崎広明《やまざきひろあき》である。

それまでの研究、とりわけ中川、森川の説は戦前の総合商社化の動きをその必要性の観点から説いたものだが、「必要性がある」だけでは、なぜそれが成立したかを説明したことにはならないと批判。そして、三井物産に注目して、総合商社の成立条件を提示した。

①益田孝がその英語力、貿易実務能力、人的コネクションをもってはたした役割、②政府御用商人から出発したこと、③海外支店が増え、見込み取引（仕切り取引）が必要となった時点で共通計算制度やリスク管理の制度を確立したこと、④財閥との関係の深さであり、取扱品目のほとんどが三井系企業によって生産されているか、もしくは三井銀行の取引支援商品であったこと——の4点である。

これらの条件を、三井物産以外の総合商社とされる三菱商事、鈴木商店、大倉商事、岩井商店が持っていたかどうかを検討、いずれもどれかが欠けているために、三井物産に比べると総合化の点で劣《おと》っていた（山崎一九八七）。

山崎説の新しさは、仕切り取引との関係で有効なリスク管理制度（見込み取引の組織的な認否や、売り越し買い越し限度の設定）を形成したことが、総合商社存続のポイントであることを指摘した点にある。これは総合商社を存続させた条件であって、成立させた条件と言うことはできないが、当時の総合商社の属性の一つに切り込んだものと言える。

なお、専門商社でも三綿（日本綿花、東洋棉花、江商）では、見込み取引とコミッション・ビジネスの結合に成功していたことにも言及し、戦後、これら繊維商社の総合商社化を可能にした条件として、リスク管理体制の確立（③）と、財閥解体とその後の6大企業集団の形成が、有力製造業との新たな「共生」関係の構築を可能にしたこと（つまり④）の重要性を示唆《しさ》している。

その後も、総合化の論理は繰り返し検討されている。一九九八（平成十）年、東京大学教授の橋本寿朗《はしもとじゅろう》は、十九世紀後半に国際的な交通システムが成立したが、それが低効率・高コストであったため、これを引き下げて高収益を上げる新事業が「一般貿易取扱業務」としての総合商社であった、という解釈を打ち出した（橋本一九九八）。

「なぜ日本にだけ総合商社が成立したのか」の説明としては十分とは言えないが、国際経済史のなかに総合商社を位置づけるものとして注目すべき説である。

マルクス経済学からのアプローチ

経済史学系の研究についても、すこし触れておこう。

日本の経済史学はマルクス経済学の影響を強く受けている。マルクス経済学の歴史観では、資本主義は成立後、自由主義段階から独占段階へ移行するにしたがい、産業資本が商業資本に対し優位に立つと考えられた。これによれば、日本資本主義が独占段階に入ったと考えられる十九世紀末から二十世紀初頭には、次第に独占的な大メーカーが流通に進出し、卸売商業資本である総合商社には存立の余地がなくなるはずだった。

だが、日本には総合商社が厳然として存在した。それはなぜか——というのが、この研究の問題意識であり、「なぜ日本にだけ総合商社が成立したのか」に通じるものがある。

イギリスで発展した典型的な資本主義に対し、遅れて資本主義化した日本には、たとえば戦前時点で地主制のような封建的な「残り滓《かす》」が存在した。立命館大学教授の秋本育夫《あきもといくお》は、政商として三井財閥に籍《せき》を置く三井物産が、原料供給と製品販売を押さえていたことを、それと同様な封建性の名残《なごり》ととらえ、それゆえに商業資本が産業資本を支配する特殊な構造が成立した、と論じた（秋本一九六一）。日本資本主義の後進性が、財閥系総合商社を生んだということになろう。

これに対し、東京大学教授の柴垣和夫《しばがきかずお》は、「資本主義の発展にしたがって商業資本が独自に存在する余地が限定される」というとらえ方自体が、マルクス経済学者ヒルファーディングが欧米、とりわけドイツを素材に理論化したものであって、日本には適用できないと考えた。そのうえで、日本で商業資本としての総合商社が繁栄したのは、日本の流通機構の特質によるものと説明している。

つまり、①日本経済の貿易依存度が高かったことが貿易商社の役割を重要にし、②中小零細企業の比率の高さ、零細農家の広範な存在が、商人資本的な収奪による超過利潤の獲得を可能にし、③財閥（財閥金融資本）が産業を多角的に支配したため、特定事業部門における産業的独占が形成されず、個々の事業部門ごとに専門商社が形成されにくかった（柴垣一九六五）。

柴垣説については、いったん成立した総合商社の維持・再生産の説明にはなっているが、形成の理由としては説得力に欠ける、との評価もある（春日二〇一〇）。それは、三井財閥が傘下に生産事業会社をほとんど支配していない一八九〇年代はじめに、三井物産はすでに多様な商品を扱い、総合商社化していたからだ。

このように、「なぜ日本にだけ総合商社が成立したのか」の議論は、戦前の総合商社形成を対象に、残存資料が突出して多い三井物産の事例に強く依拠《いきょ》して行なわれてきたことがわかる。

しかし、戦後の総合商社が、均質な複数の企業群として形成された条件は、やはり戦後に求められなければならないだろう。第１章で述べたとおり、戦後、鉄鋼や原料炭を中心とした資源調達システムの形成で開発輸入機能をはたすことのできた商社が、総合商社の「原型」を形成することができた。その点で、「総合商社とは何か」「総合商社はどのように形成されたか」の議論は、戦前の「総合商社」とひとまず切り離して行なわれることが妥当《だとう》と思われる。

もっとも、戦後の商社がそれをモデルにして総合商社化をはかったことはまちがいない。やはり、商社活動を戦前、戦後で比較することは意義深い。とりわけ、戦前の商社は事業運営・事業投資とも深くかかわっており、現在の総合商社が変化を遂げていることを分析するのに示唆を与えてくれる。次は、ここに焦点を当てよう。

財閥のコンツェルン形成を担《にな》った三井物産

戦前の商社の事業運営・事業投資は三つの性格を持っている。すなわち、商品取引と関連した生産活動への参入、財閥系商社における財閥のコンツェルン形成を担う側面、戦時体制下で国策への協力としての事業運営・事業投資、である。最初の2点を、三井物産についてみてみよう。

第1に、商権の確保、あるいは輸入品を自ら調達するために、生産活動への投資が行なわれた。すでにみたように、三井物産の生産活動への進出は、主として海外（中国）の紡績業などで、一九〇〇年代初頭というかなり早い段階から行なわれていた。これは、戦後の総合商社の「原型」が、商権確保のために取引先に投資を行なったのと同じである。

同社の上海支店は一九〇二（明治三十五）年、紡績会社の興泰紗廠《こうたいしゃしょう》を買収、やがて上海紡織として運営、拡張した。一九〇七（明治四十）年には、大連に三泰油房《さんたいゆぼう》という合弁企業を設立、油粕《あぶらかす》の生産をはじめた。

大倉組商会は、瀋陽《しんよう》（奉天《ほうてん》）政府とジョイントで、本渓湖煤鉄《ほんけいこばいてつ》を設立した。巨大繊維商社であった日本綿花は、中国で紡績と織布の生産活動を行なうようになり、また定款《ていかん》を改め、油粕、綿油《わたあぶら》の生産なども追加した。

同様に、国内投資も商権確保のために行なわれた。三井物産の例では、戦間期（一九一九〜一九三九年）、特に昭和（一九二六年〜）になると、国内で直系、傍系の子会社として多くの製造業を立ち上げている。

三機《さんき》工業（一九二五年）、東洋レーヨン（一九二六年）、外資系との合弁会社である東洋バブコック（一九二八年）などを設立し、株式取得によって日本製粉を子会社化（一九二八年）、造船部を分離して玉《たま》造船所（のちに三井造船。一九三七年）を設立した。これらは、財閥のコンツェルン形成の一翼を担うという側面も強いが、三井物産にとって商権獲得の重要な手段であったことはまちがいない。同社が、これら企業の製品の取り扱いを行なったのは言うまでもないが、他の企業にも、商権確保のための投資を行なっている。

一九三三（昭和八）年、事業投資活動に関する調査・研究・実務を行なうために、査業課が設置されたのを機に、投資金額、件数ともに飛躍的に増加した。重化学工業、鉱業・窯業《ようぎょう》、繊維、食品などへの投資が行なわれたが、その基本的性格は「流通支配が主要な目的であって、配当利益等を主要な目的とするものではなかった」という見方が有力である（春日二〇一〇）。

激しい競争のなか、いかに投資が商権を強めていたかを物語るエピソードとして、東京芝浦電気（東芝）の例がある。一九三七（昭和十二）年当時、三井物産は同社株式を所有していたが、その持分《もちぶん》は三井合名と合わせても、GE（ゼネラル・エレクトリック）の持分を下回っていた。しかも、東芝は自販志向を強く持っていた。三井物産は同種他社製品を取り扱わないこと、口銭を引き下げることなどを確約することで、東芝製品の一手販売権を何とか堅持したという。

第2の側面は、とりわけ三井物産のような財閥系の商社において、財閥全体の事業展開――コンツェルン（資本による支配にもとづいて形成される企業の結合体）形成――の一環として資本拠出する役割である。

前述のように、三井物産は設立当初は三井家とは距離を置いていたが、その後、三井家直轄事業となり、三井物産と同時に設立されていた三井銀行、一八九二（明治二十五）年に設立された三井鉱山とともに、財閥の中核的存在であり続けた。

合名会社の三井物産がさらに株式会社に改組されるのは、一九〇九（明治四十二）年のことだ。相前後《あい》して、三井銀行と三井鉱山も株式会社化され、その上部に三井合名会社が持株会社として設立されることで、三井財閥はコンツェルンの形を整えていく。一九二八（昭和三）年頃には、三井合名が100％の株式を所有する直系子会社6社と、部分所有の傍系子会社8社があり、それぞれの下にさらに資本関係を持つ孫会社が多数ぶら下がる構造である（111ページの図表10）。

こうしたコンツェルン化の目的は、増大する利益を財閥全体のなかでうまく成長部門に再投資することだった。持株会社の本社機能を利用して利益や人材を管理、巨大化する組織を統括する必要があった。また、当時の税法上、株式会社化により税金が節約できたことや事業を有限責任の株式会社化することで、それぞれの事業部門の責任を限定する目的もあった（武田一九九五）。

三井物産は、三井財閥全体が多角化を進めるなかで、同じ財閥内企業の三井鉱山や三井信託、王子製紙などと同様に孫会社を持つ役割をはたしつつ、製造業企業への進出（投資）を行なったのである。ただし、三井物産自らが直系、傍系会社（三井合名からみれば孫会社）をもっとも多く抱えているのは、商権の確保や、輸出入の拡大を円滑に推進するための投資、という意味合いが強かったからでもある。

第3の側面をみる前に、三菱商事と鈴木商店の動向をみておこう。

財閥の中核ではなかった三菱商事

一九一八（大正七）年に設立された三菱商事は一九三〇年代に入ると、鋼材輸出やアメリカからの銅輸入、農産物（米、小麦）、油脂、肥料、雑貨などに取引を拡大し、三井物産を追いかけた。だが、同じ財閥系商社でありながら、事業投資では三井物産ほどの展開をみせていない。その一つの理由は、三菱財閥と三井財閥の展開方法の違いにある。

三菱財閥もコンツェルン的な展開をしたが、三井財閥よりも規模が小さかったこともあり、一九〇八（明治四十一）年に合資会社という組織のなかで、独立採算の事業部制に移行した。銀行部、鉱山部、地所部などの事業部門が維持され、そのなかに売炭部に起源を持つ営業部があった。

その後、一九一七（大正六）年から一九一九（大正八）年にかけて、それぞれの事業部門が三菱銀行、三菱鉱業、三菱造船というように、地所部を除いて株式会社に改組され、

図表10 三井、三菱のコンツェルン形成

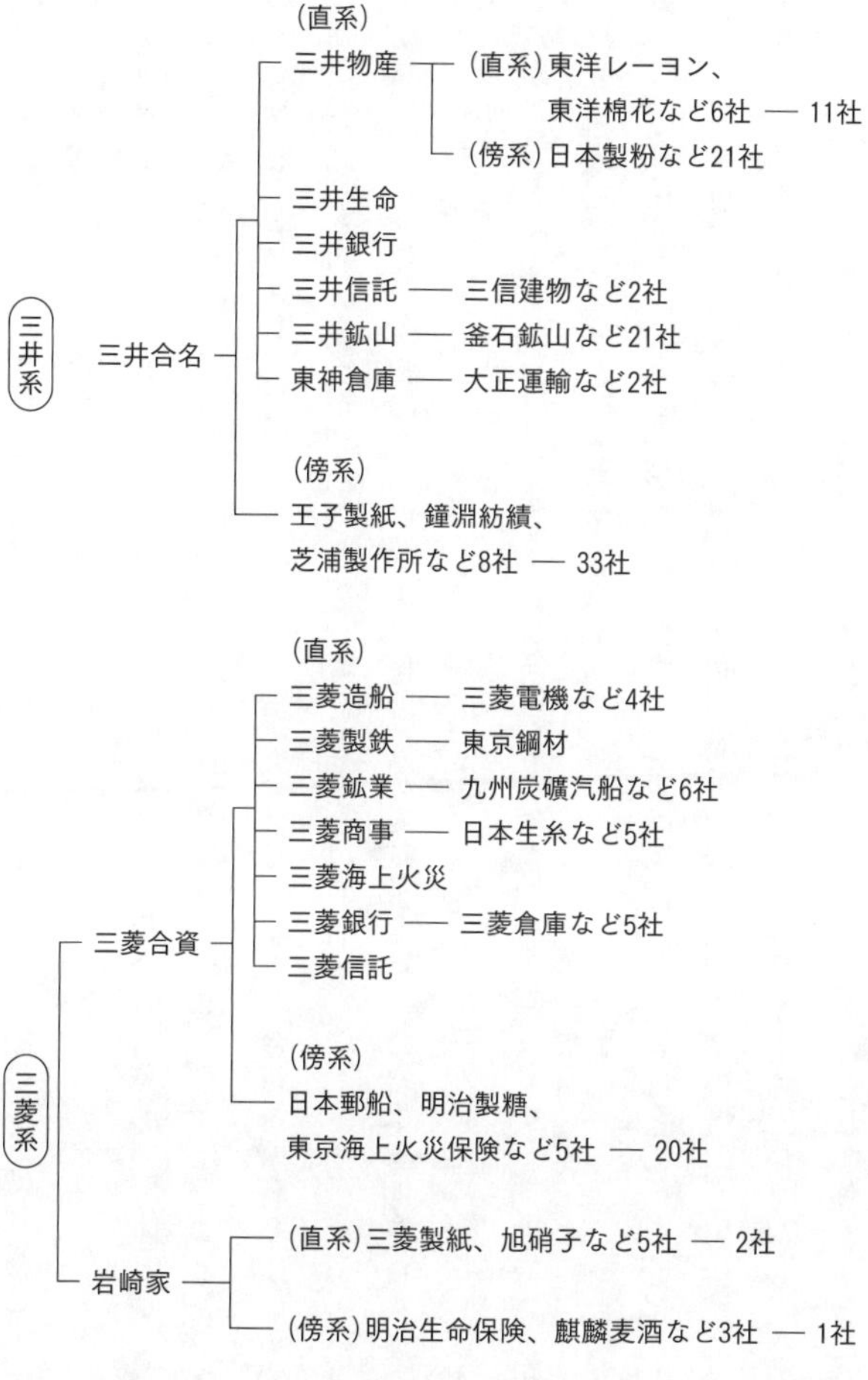

※1928年頃　(安藤良雄編『近代日本経済史要覧』第2版より作成)

三菱合資が持株会社としてピラミッドの頂点に立つ形が整った（111ページの図表10）。三井財閥に遅れること、10年である。

三菱商事はこの時、折からの商社設立ブームに乗り、三菱合資営業部を母体として設立されたのであり、三井物産のように早い時期から財閥の中核を支える存在ではなかった。なお、三菱財閥が三井財閥と違う点として、持株会社である三菱合資を所有している岩崎《いわさき》家の同族に、個人的な投資が認められていたことが挙げられる。

三菱商事はこうした財閥のコンツェルン化のなかで、子会社への資本参加を行なっている。たとえば、三菱石油（一九三一年）、三菱化工機《かこうき》（一九三五年）の設立に際し、資本参加したが、これにより両社の一手販売権を獲得した（商権確保）。しかし、前者への出資は、三菱合資、三菱鉱業との共同で行なわれた。

資本によるピラミッド支配の形成において、三菱商事は三井物産ほどの役割をはたしていない。三菱商事には財閥全体の窓口商社的機能が期待され、事業投資の意思決定について持株会社から制約を受ける度合いが高かったのに比べ、三井物産は三井財閥形成そのものの担い手であって、次第に経営の自主性を高めていった点を違いとして強調することもできる（辻二〇〇〇）。

広範な事業投資を行なった鈴木商店

戦前の商社の事業投資でもっとも注目されるのは、鈴木商店である。洋糖の引取商を起源に、樟脳、灯油の輸入などを行なっていた鈴木商店は、一九〇〇（明治三十三）年にロンドン支店を開設した頃から、近代商社への歩みをはじめた。

のちに経営権を握る金子直吉《かねこなおきち》が標榜した経営哲学が「商工並進主義」であり、当初から製造業に立脚した商社経営を目指していた。生産部門の事業投資に、一手納入権と一手販売権という商権にもとづく取引を組み合わせた多角的事業展開を、積極的に推進した。また、早くから三国間貿易を積極的に行なっていた。

この戦略が開花したのが第一次大戦期であり、鈴木商店はこの時期に「総合商社」としての形態を整えていたと言ってよいだろう。前述のように、一九一七（大正六）年には取引高で三井物産を抜く。

事業投資の結果、一大コンツェルンを形成。大戦後の一九二〇（大正九）年時点で存在した関係会社は60あまりに達していたという。財閥が総合商社を形成したのではなく、商社が財閥を形成したと言える。

一九二三（大正十二）年には大規模な組織変更を行ない、合名会社鈴木商店から貿易部門を切り離して株式会社鈴木商店とし、本体を鈴木合名と改称して持株会社とした。その出資を受けた主な製造業としては、大日本塩業、神戸製鋼所、大日本セルロイド、帝国麦酒《ビール》、帝国人造絹糸《じんぞうけんし》、播磨《はりま》造船所、日本クロード式窒素《ちっそ》工業、日本冶金《やきん》、国際汽船、などがあり、現在につながる企業も多い。

人絹《じんけん》、合成アンモニア、セルロイドなど、金子直吉が目をつけた新しい技術を商業化する企業が重化学工業分野で多数設立されたのだ。

鈴木商店の破綻の原因としては、金子直吉の判断に頼りすぎ、近代的なコーポレートガバナンスやリスク管理の手法に欠けていたこと、台湾銀行に過度に依存したこと、などが指摘されている。それに加えて、重点投資先の重化学工業分野では商品化技術が開発途上にあり、先行投資が嵩《かさ》む段階だったので、第一次大戦後の不況の慢性化が親会社・鈴木商店の財務活動に重大な悪影響をおよぼした、という分析もある。

鈴木商店は、事業投資を梃子《てこ》として総合商社化の達成を目指した。それだけに、既存の総合商社以上に、日本の工業化そのものに直接かかわり、リードタイムの長い先行投資も積極的に行なった。それは、ある意味で、投資の目的を商権の獲得を超えたところに置くものだった、と解釈することもできる。

これに対し、三井物産は財閥全体の事業展開を担うべく製造業企業を設立・出資したが、自らは商権獲得を目的としつつ、出資先の経営発展を商社活動で支援することに重点を置いたところに差異があったとも評される（辻二〇〇〇）。三菱商事も事業投資は行なったが、あくまで商権獲得に大きな重点があり、財閥の窓口商社としての色彩がより強い点が特徴だった。

戦時下の商社

戦前の商社の事業運営・事業投資に関する第３の側面は、戦時体制下で、国策への協力としての投資や生産活動への進出が行なわれたことである。具体的には、収買《しゅうばい》事業（後述）や受命《じゅめい》事業への従事、国策関連投資、重化学工業投資である。

戦時における経済統制は、商社の投資の性格に影響しただけでなく、商社の活動全体を変貌させた。戦時下における商社の変貌ぶりをみてみよう。

アジア地域での戦争、占領地域の拡大にともない、ある場合には各商社はそれまで得意とした商品や地域から否応《いやおう》なく切り離され、新事業に携わることを余儀なくされた。その事業内容の変化は、繊維や鉄鋼の専門商社が戦後に総合商社化するうえでの貴重な経験ともなった。

第1の変化は、収買事業への従事である。

一九三七（昭和十二）年にはじまった日中戦争期は欧米からの輸入に依存しつつ、円ブロック地域への輸出が増加した時期である。商社に対しては、外貨獲得のために円ブロック外への輸出の強化が期待されていた。しかし、一九四一（昭和十六）年の太平洋戦争開始後は欧米との貿易が途絶《とぜつ》し、交易は円ブロック内に限定され、円ブロック内での物資の売買が業務の中心となった。

ここで商社は、国策への協力として満州《まんしゅう》・華北《かほく》・華中《かちゅう》などにおける米穀《べいこく》、小麦、綿花などの「収買事業」に従事した。収買事業とは、日本軍の占領地域において、軍の下に委託を受けた日本商社が中国商人の既存流通機構に依存しつつ、農産物の買いつけを行なうものだ。三井物産、三菱商事などの総合商社だけでなく、日本綿花、東洋棉花、江商などの繊維商社もこれに従事し、取引品目が拡大した。

第2の変化は、国策会社、統制会社への投資である。

三井物産の場合には、東亜海運や満州航空といった商品取引とまったく関係のない企業にも投資している。国の出資要請にしたがった側面も強いが、統制会社、配給会社、あるいは外地の収買会社への投資により、販売権を確保するところに重点がある場合も少なくなかった。

第3の変化は、製造業への進出である。

海外展開していた日本企業は、軍政が敷かれた甲《こう》地域（オランダ領東インド、イギリス領マレー、イギリスの海峡植民地、フィリピン、ビルマなど）と、非占領地域で現地政府を通した間接支配が行なわれた乙《おつ》地域（フランス領インドシナ、タイ）で、多種多様な南方受命事業に従事させられた。

商社も、それら企業のなかに含まれていたが、海外での商品取引の経験が豊富であったために、受命は多かった。そして、流通・運輸だけでなく、各種の生産事業に投資を行ないつつ携わった。

三井物産は、木造船建設、セメント製造、ビール醸造《じょうぞう》、ゴム、山林開発、麻袋《あさぶくろ》製造、マッチ製造などの受命事業に取り組んだ。三菱商事は、綿花・麻の栽培、皮革工業、植物油脂工業、木造船建築、エンジン製造などを行なった。東洋棉花は綿花栽培（フィリピン、タイ、スマトラ）、麻の栽培・麻袋製造（フランス領インドシナ、タイ、ジャワ）、紡織（タイ、ビルマ）などに従事した。

日本綿花はビルマでの精米、製材、マッチ製造などに取り組み、江商はジャワでの各種受命事業に従事した。鉄鋼商社と呼ばれた岩井商店、安宅商会、鈴木商店の流れを汲《く》む日商も、占領地経営に深くかかわり、製麻、製薬をはじめとする受命事業を行なっている。

これらの事実は、製造業をはじめとする事業運営を、多くの商社がこの時に経験したことを意味している。それにともない、商品取引における取扱品目も増加した。

第4の変化は、重工業への投資である。

これは、戦争によって日本経済の産業構造が急転回したことによるものとも言える。とりわけ三井物産は、早くも一九三三（昭和八）年の取締役会において、「輸出入統制が強まるなか、商業方面での発展が望めないので、工業方面への投資をする必要がある」という認識を示している。太平洋戦争開戦直前にも、「生産部門への進出とそれを基礎にした商品取引に活路を見出すという方針」を再確認している（岡部二〇一一）。

三井物産の新規投資件数と金額は、日中戦争勃発後（一九三七〜一九四三年）に、それ以前（一九三〇〜一九三六年）のそれぞれ5倍、9倍に急増している。また、図表10（111ページ）にはみられないが、戦時に需要が伸びた機械メーカーへの投資が、一手販売権の獲得手段として行なわれた。津上《つがみ》製作所（精密機械）、東洋鋼材、日本空気（鉱山土木機械）などである。

一九四二（昭和十七）年以降は、日産自動車、日本製鋼所、大同製鋼、東京芝浦電気、東京石川島造船所、丸善石油などへの新規投資・関係強化投資が行なわれている。投資件数と投資額の増加は、南方受命事業としての製造業展開も含んでいたと思われる。

三井物産や三菱商事などの総合商社だけでなく、専門商社もこの時に投資を拡大している。たとえば東洋棉花は機械（高田機工《きこう》、山内《やまのうち》航空機）、ゴム（興亜護謨《こうあごむ》産業）などへの投資を行なっているし、江商は化学、鉄鋼への投資を行なっている（岡部二〇一一）。

この間、経済統制が行なわれた。繊維産業とりわけ綿業に関しては、輸出入から生産、流通、価格に至るまで、全面的な統制がかかっている。たとえば、外貨獲得のため、綿花輸入枠を綿製品輸出の実績によって割り当てる「輸出入リンク制」が実施されたため、繊維商社の綿花輸入の自主性は失われた。

その結果、日本綿花、東洋棉花、江商などは否応なく、大陸での収買事業や生産活動に活路を見出さざるを得なかった。

戦時体制下の商社活動の変貌を象徴するのが、一部の商社の社名変更である。日本綿花は一九四三（昭和十八）年に社名を日綿《にちめん》実業に変更したが、綿花以外の品目の取引増加と工場経営など事業活動の多様化が理由だった。同年、岩井商店は岩井産業に、安宅商会は安宅産業に、そして日商は日商産業になった。

戦前商社の事業運営・事業投資について

戦前の商社や「総合商社」の事業運営・事業投資は、第1章でみた現代の総合商社のそれとどう違うのであろうか。本章を締めくくるにあたり、改めてこの点を考えてみたい。

　商権の獲得のために投資が行なわれていたことは、総合商社の「原型」で行なわれた投資と共通している。いわゆる関係強化投資、流通支配のための投資であり、国策統制会社への投資ですら、そのようなインセンティブの下に行なわれていたのは印象的である。

　次に注目されるのは、戦前においても、投資の目的が、商権確保から投資収益そのもの、あるいは事業運営による収益の獲得へと移行しつつあったことだ。それを引き起こしたのは、一つには財閥系商社の場合、財閥の多角的事業展開を担う側面があったことだが、もう一つ、戦争の勃発による経済環境の変化であった。

　すなわち、①ブロック化と経済統制により、商品仲介業務に広がりの余地がなくなったことで、商社の企業戦略として製造業への進出が合理的になり、②戦時経済によって産業構造が重化学工業化したことで、その方面への投資の経済性が高まり、③さらに「受命」によって、国策として外地での事業運営に携わることが半ば強制されたからだ。

　その点、戦後の総合商社の「原型」にみられた、投資による商権獲得と投資コストを口銭に含めて回収するビジネスモデルが、低成長下での商権の劣化によって転換をせまられることになるのとは大きな違いがある。

現在の総合商社の事業運営・事業投資は、①バリューチェーンを念頭に行なわれており、②子会社の事業内容を管理しつつ機動的な投資のリサイクルを行なっているが、戦前の場合は、こうしたシステムとほとんど無縁であったであろうことも、大きな違いである。

なお、戦時下の国策への協力は、商社が多くの商品の取り扱いに加え事業投資も生産活動も行ないうることを、経験として戦後の商社業界に残した点も重要である。

第3章

商社の歴史・戦後——総合商社の成立と展開

戦後の復活

現在、総合商社と呼ばれている企業のほとんどは、戦前にルーツを持つ。だが、第2章でみたように、戦前、真に総合商社と呼ぶことのできる企業は三井物産と三菱商事の2社だけだった。しかし、太平洋戦争後、2社はGHQ（連合国軍最高司令官総司令部）の占領政策により解体される。

他の多くの商社は、戦前の段階では取扱品目を多角化させつつあったものの、繊維、鉄鋼などを中心に扱う専門商社の域を脱していなかった。それら専門商社は、戦後早い時期から総合商社化を目指す。三井物産と三菱商事の2社をモデルにして、各商社が自らの事業分野の再編成をはかったのだ。

いっぽう、解体されていた2社は再結集をはかった。こうした動きが、商社業界の合併・再編成をダイナミックに引き起こした。

このようにして、総合商社群は戦後経済の混沌のなかから生まれた。均質な総合商社、つまりほぼ同じ分野で同じような事業を展開する企業が10社出そろい、総合商社体制が成立するのは、一九六〇（昭和三十五）年前後のことである。終戦直後の一九四五（昭和二十）年から、解体された三井物産が再結集する一九五九（昭和三十四）年までを、これを生み出した混沌の時期、と位置づけることができる。

総合商社化の動きは、民間企業である各商社の強い意志によって支えられたのであり、国家の政策によって進められたのではない。韓国では一九八〇年代、政府が総合商社育成策を進めたが、この時の日本では輸出振興策や商社の活動をしやすくする施策も取られはしたが、商社育成策が立案されたり、総合商社化が奨励されたりしたわけではない。

復興期に取られた有名な傾斜生産方式は、政府によって資源配分が行なわれ、特定の産業を優先的に育成する、文字どおりの産業政策であった。また、高度成長期には通産省（通商産業省、現・経済産業省）が中心となり、鉄鋼、化学、石油産業などの業種で設備投資や生産量の調整が行なわれた。

だが、貿易についてはは、むしろ終戦直後の国家管理が終わったあとは、自由な国際商品取引が拡大するなかで、企業を管理するような政策は取られなかったと言ってよい。総合商社化に代表される商社業界の発展は、こうした自由競争のなかで起きている。

よく指摘されるように、商社業界には商社業法などというものはない。銀行法をはじめとする規制の世界にいる銀行マンに対し、商社マンの闊達《かったつ》で奔放《ほんぽう》な気質が強調されることもあるが、その原点はここにあるとも言える。

このように、総合商社化はあくまでも各社の自発的な動きだったが、この時期にそれを可能にした、あるいは促進した背景や要因をいくつか挙げることができる。

第1は、当初行なわれていた貿易管理が終わりを告げ、民間貿易が急拡大したこと。第2は、戦前の「総合商社」三井物産、三菱商事の解体であり、その時期が長かったため、業界にガリバーがいなかったこと。第3に、戦中の経済統制下での多品目の取り扱いや事業運営の経験も、総合商社化の遠因として挙げることができるだろう。

国営貿易下の商社

第1の点からみていこう。貿易の国家管理が終わり、自由貿易が急拡大するなか、言わば自由貿易の申し子として商社活動が活発化し、その下で総合商社群が発生した。

一九四五（昭和二十）年の終戦後、日本は連合国軍に占領された。「戦後改革」と呼ばれる一連の政策は、アメリカが実質的な決定権を握るGHQの指令を受けて、日本政府が実施した。そして、貿易は当初、すべて政府の国営貿易として行なわれた。

国営貿易では、貿易庁という官庁が輸出品を国内業者から買い上げて、ＧＨＱの指示で外国商社に売り、輸入品についてはＧＨＱによって輸入されたものを貿易庁が引き取って国内業者に売り渡していた。輸出品の国内買い取り価格と輸出価格、輸入品の輸入価格と国内売り渡し価格は完全に切り離されており、為替レートは品目別・輸出入別に複数存在した。これが、１ドル＝３６０円の単一為替レートが設定されるまでの、いわゆる複数レート制である。

ちなみに、輸出品は生産性の低さを反映して円安であり、繊維製品が１ドル＝２５０～４２０円、機械類が同３００～５１０円に対し、輸入品は繊維原料が同80～２５０円、金属鉱産物が同67～１５３円と円高だった（一九四九年一月末。商工省調べ）。これは、輸出業者には輸出補助金、輸入業者には輸入補助金が存在するのと同様の状況である。

こうした占領軍の管理下、商社は政府が決めた輸出入取引を行なうことで手数料を得るにすぎず、トレードのみに専念させられていたと言える。まして、戦前に行なっていたように、世界の市場動向をキャッチして独自のビジネスチャンスを発見・獲得することなど、とうていできなかった。

国営貿易のしくみは途中で変化しており、二つの時期に区分される。第1期では、貿易庁が貿易計画を立案し、品目別・輸出入別に民間団体を代行機関として輸出商品の買上げ、輸入商品の売り渡しを行なった。

輸出の場合、綿糸を例にすると、日本綿糸布輸出組合が政府の代行機関に指定され、組合加入の三井物産、三菱商事、東洋棉花など18社が下請けとして実務を行なった。輸入の場合、綿花では、日本綿花輸入協会が貿易庁の代行機関に指定され、加入会社である東洋棉花、江商、日綿実業など15社が協会に社員を供出し、その人材が協会の名において輸入業務を行なうという具合だ。

そして、一九四七（昭和二十二）年までに、品目別に75の代行機関が設立された。この貿易方式は「貿易庁―輸出入代行機関―貿易業者」という経路になる（内田一九七〇）。

しかし、一九四七（昭和二十二）年に独占禁止法が制定されると、貿易庁が指定する貿易業者による取引は同法違反になるとみなされた。これ以降が、国営貿易の第2期である。

同年に貿易公団法が施行、繊維、鉄工品、食糧品、原材料の4貿易公団が設立され、これを輸出入代行機関とした。貿易実務を担当する商社は、申請すれば新規参入できるようになった。この結果、同年末には、たとえば綿糸布輸出業者は44社に、綿花輸入業者は32社に増加した。

いずれにしても、商社は、戦前のように海外との取引でビジネスチャンスをみつけることはできなかった。いきおい、国内取引に比重を移さざるを得ず、食糧・繊維等の統制物資の配給業務と、雑貨を中心にした非統制物資の取り扱いに従事した。ただ、このような自己の領域外への品目拡大が、のちの総合化の契機となったという側面もある。

民間貿易の再開

ＧＨＱが民間貿易の移行に着手したのは、かなり早い時期だった。冷戦の激化を受けた一九四七（昭和二十二）年三月のトルーマン大統領による反共演説、六月のマーシャルプラン発表を受け、アメリカが対日占領政策を「非軍事化」から「経済復興」に転換させたことが、その背景にある。

まず、同年八月に、制限つきで民間の輸入が許可され、民間商社が外国商社と直接接触できるようになった。一九四八（昭和二十三）年八月には外国商社との契約締結が、そして自己勘定において輸出することができるようになった。政府による管理貿易である国営貿易と民間貿易が併存するなか、各商社は、戦前に関係のあった外国商社と代理店契約を結びはじめる。

一九四九（昭和二十四）年に貿易公団の整理縮小、1ドル＝360円の単一為替レート設定、貿易庁の通産省への改組が行なわれ、十二月に対外取引規制の基本法とも言える外国為替および外国貿易管理法が施行された。全面的な民間貿易が、輸出において同年十二月から、輸入でも翌年一月からはじまり、八月からは商社による海外支店の設置が原則的に許可されるようになった。

民間貿易再開当時、輸出は伸びず、大幅な入超《にゆうちよう》（輸入超過。貿易赤字）だった。またインフレ抑制を狙ったドッジライン（一九四九年三月）の緊縮財政で、国内経済も停滞していた（安定不況）。しかし、こうした状況を一気に吹き飛ばし、商社活動を活発化させたのが、一九五〇（昭和二十五）年六月に勃発した朝鮮戦争による特需ブームである。

総合商社化への動き

このような戦後の混沌のなか、民間貿易の再開が、商社の総合商社化の動きとかかわった点を三つ指摘することができる。

一つ目は、管理貿易の下、繊維系商社が代行機関や貿易庁の実務代行によって、食料、原材料など繊維以外の品目の輸出入を取り扱うようになったことだ。

二つ目は、高度成長期前夜の民間貿易再開が、取引需要の急拡大を通じて、取扱品目を拡大しやすい状況を作ったことである。

戦前の商社は第一次大戦による好況期に総合化の動きをみせたが、戦後に同様の現象が起きたと言える。朝鮮戦争時の特需契約高は1年目にGDPの3％程度、2年目に2％とされる。休戦に至ると日本経済は再び停滞（反動不況）、商社も打撃を受けたが、一九五〇年代後半にかけての高度成長への助走期における経済規模の拡大は貿易額を大きく増大させた。

三つ目として、民間貿易再開後、政府が一連の輸出振興・商社強化策を打ち出したことも、自発的な総合商社化を促す一つの要因となった。

これらは、直接に総合商社化を促進するものでも奨励するものでもなかったが、こうした措置を梃子《てこ》にして、大規模商社が躍進のきっかけをつかみ、総合商社化を進めていったことはまちがいない。

輸出促進政策が本格化するのは、一九五二（昭和二十七）年のサンフランシスコ講和条約発効後だが、すでに一九五一（昭和二十六）年二月に、プラント類の輸出に必要な長期資金の融資を主な目的として、日本輸出銀行が設立されていた。

また、一九五三（昭和二十八）年八月の租税特別措置法の一部改正は、貿易商社の資本力増強と海外活動の活発化をはかるものだった。輸出業者や輸出品の生産業者に、輸出額の一定率の所得控除が認められたり、海外支店用資産の特別償却制度が設けられたりした（日本貿易会一九八〇）。

さらに、同年下期には、輸出振興策として、リンク制などの特殊貿易が推進される。たとえば、砂糖リンク制は船舶、車両、生糸、鯨油、ビタミンなどを輸出した者に、砂糖の輸入権を割り当てるものである。輸出業者は輸入原糖を製糖業者に売り、その利益をもって輸出のコストや損失をカバーすることができた。こうしたリンク制により、繊維原料、肥料、砂糖などの輸入と繊維製品、機械などの輸出が組み合わされるなどして、商社の取扱品目の多様化が促進された。

三井物産、三菱商事の解散

総合商社化を促進した第2の要因として、三井物産と三菱商事の解散がある。戦前には専門商社だった多くの商社にとって、総合商社化のモデルとなったのがこの2社である。2社の解散、不在によって、有力専門商社が激しい競争を行ない、戦後の総合商社業界が形成されていった。

占領軍は、初期の対日方針であった非軍事化と民主化を進めるため、財閥解体と独占禁止政策の二つを強力に進めた。財閥解体では、三井、三菱など4大財閥の本社活動が一九四五(昭和二十)年十一月に停止され、翌年には本社の解散・清算が実施、保有有価証券は八月に発足した持株会社整理委員会に移譲されたのち、一般に売却された。

次に、中小財閥の本社解体と大会社の持株を通じた子会社支配を廃絶するため、持株会社整理委員会は同年九月以降一九四七(昭和二十二)年九月までの間に、事業法人を含む

83社を持株会社に指定した。

いっぽう、独占禁止政策として、同年四月に独占禁止法が制定され、十二月に過度経済力集中排除法が施行。これにもとづいて、巨大事業会社の分割がはかられ、325社が指定された。有名な日本製鉄や三菱重工、大日本麦酒の企業分割はこれによって行なわれたものだったが、結局アメリカの対日政策の転換により、18社が分割されたにすぎなかった。

こうしたなか、三井物産と三菱商事は、持株会社的性格の強い事業会社として、前者の措置において持株会社に指定され（一九四六年十二月の第三次指定）、持株会社整理委員会の管理下に入った。

しかし、この2社のケースはきわめて異例である。両社は指定前に保有有価証券の譲渡を開始、会社分割は避けられないとみて、分割案を含む再編計画の立案を開始していた。たとえば、三井物産は東京で三、大阪で二、札幌、仙台、名古屋、広島、福岡で一つずつの計10社に分割する案を準備していたのである。ところが、GHQは一九四七（昭和二十二）年七月、突如「商事会社の解散に関する件」という覚書《おぼえがき》を発し、分割ではなく解散を指令した。

しかも、この指令には、解散後、①元社員だった者が１００人を超えて一つの会社を設立してはならず、②重役もしくは部長だった者は2人以上一つの会社に所属してはならず、③旧会社の商号と建物を使用してはならない、という再結集を厳しく制限する条件がつけられていた。

なぜ、両社に過酷な解散指令が、しかも民間貿易開始の直前に出されたのだろうか。いくつかの説がある。第1は、アメリカが戦前の両社が戦争に協力したことを問題視した、というものだ。両社は、占領地で日本軍へ協力した点で、戦争経済の担い手としての突出した位置にあったとみなされた可能性がある。

第2に、イギリスが日本商社の力を恐れたという見方がある。イギリスは、戦前の世界市場で、日本の綿業の生産活動と総合商社の貿易活動に圧倒されていた。管理貿易の下で多額の利益を上げていたイギリス商社のジャーディン・マセソン商会などが、近く再開される民間貿易において強敵2社が元の形で活動を再開するのを阻止したいと考えていた、との説である（石井二〇〇三）。

いずれにしても、両社は解散し、三井物産の社員7058人が新たに作った会社は223社、三菱商事の社員4086人が作った会社は139社におよんだ。この措置が両社に壊滅的な打撃を与えたことは言うまでもないが、両社と一手販売契約や総代理店契約を結んで資材調達・販売活動を委託してきた三井・三菱系メーカーも影響を受けた。各企業のなかには、両社の継承会社に委託を行なうものと、自社内に独自の販売組織を作るものがあった。

ほかにも、商社に関する企業分割がいくつか行なわれた。

戦前の一九四一（昭和十六）年、伊藤忠商事を中心に、丸紅商店と岸本商店を合併して三興《さんこう》株式会社が設立され、さらに一九四四（昭和十九）年、呉羽《くれは》紡績および大同《だいどう》貿易と合併して、大建《だいけん》産業という企業が設立されていた。この大建産業が、過度経済力集中排除法によって企業分割された18社のなかに入っている。一九四九（昭和二十四）年に、商社部門が伊藤忠商事と丸紅の2社に分割され、さらに呉羽紡績、尼崎製釘《せいてい》所の計4社が設立されて、翌年、大建産業は解散した。

岩井産業は、地方財閥的性格を有《ゆう》しているとして持株会社とみなされたが、自主的に持株の処分などを行なったために、指定を解除される。江商は、いったん過度経済力集中排除の指定を受けたが、のちに解除された。

この時期に商社の総合化が進んだ第3の要因として、戦時中の経済統制の経験も無視できない。これについては、第2章で述べたとおりだ。

繊維系商社の総合商社化

このような経済状況のなか、総合商社群が形成されたが、次の四つのタイプがある。

第1は、専門商社が総合化したタイプで、繊維系商社に端《たん》を発するもの（伊藤忠商事、丸紅、東洋棉花、日綿実業、江商、兼松）。第2は、鉄鋼系商社から総合化したタイプ（日商、岩井産業、安宅産業）。第3は、解散された財閥系商社が再結集によって総合化したもの（三井物産、三菱商事）であり、第4は、新規参入（住友商事）である。

総合商社形成の第1の動きは、それまでおおむね関西に本社を置いていた繊維系商社によって引き起こされた。

東洋棉花、日綿実業、江商、伊藤忠商事、丸紅の関西五綿や、羊毛中心で出発した繊維商社の兼松は、大戦後の経済復興の中心が繊維産業だったことに後押《あとお》しされて取引高を拡大させた。すでに述べたように、管理貿易下で得た繊維以外の業務経験も、商品を多角化させる足がかりとなった。

繊維商社の多くが早い段階から総合化、ないし取引品目の多角化を目指していた。丸紅は、大建産業から独立して発足した一九四九（昭和二十四）年十二月時点で、総合商社化の戦略を明確に打ち出していた。

初代社長の市川忍《いちかわしのぶ》は、「事業の総合化を実現するため、輸出・輸入・国内取引をほぼ3分の1ずつの割合とし、繊維85％の取扱比率を、第1目標として50％に低下させること」という方針を打ち出した。丸紅は一九五一（昭和二十六）年に行なった増資の新株式発行目論見書《もくろみしょ》で、自らを「ゼネラル・マーチャント」と呼び、伊藤忠商事も、一九五三（昭和二十八）年の目論見書で「綜合商社」と自称していた。

総合商社化の手段は、大きく分けて二つあった。一つ目は、非繊維部門の拡大である。たとえば、日綿実業では一九四八（昭和二十三）年に機械金属部を新設、一九五〇（昭和二十五）年に天然資源や工業用原料を扱う化工部を貿易部から分離独立させる、という機構改革が行なわれた。伊藤忠商事では、一九五三（昭和二十八）年に機械金属部を機械部、金属部、航空機部に分け、紙パルプ部を新設する機構改革が行なわれた。

関西に本社を置いていたこれら商社は、いずれもこの時期に東京支店を東京支社に昇格させている（伊藤忠商事は一九五三年、丸紅は一九五四年）。政治経済の中心地である東京の拠点を拡充することで、取扱品目の多角化をはかったのだ。伊藤忠商事ではこれにともない、機械部、金属部、航空機部、穀肥部、物資部、紙パルプ部の部長は東京に駐在することになった。

総合商社化の二つ目の手段は、合併による商権の拡大である。朝鮮戦争後の反動不況で多くの商社が打撃を受けたが、特に一九五三（昭和二十八）年以降の金融引き締めで経営悪化に陥るものも現われ、業界再編成のなかで吸収されていった。業界再編の核となったのは、旧財閥系商社の統合・再結集を別にすれば、関西系の繊維商社であった。

図表11（140〜141ページ）をみると、もっとも効果的な合併を行なったのは丸紅であり、同社による一九五五（昭和三十）年の高島屋飯田《いいだ》の合併は、鉄鋼、機械、羊毛部門を拡充し、総合商社へと飛躍する大きなステップとなった（前田一九八八）。

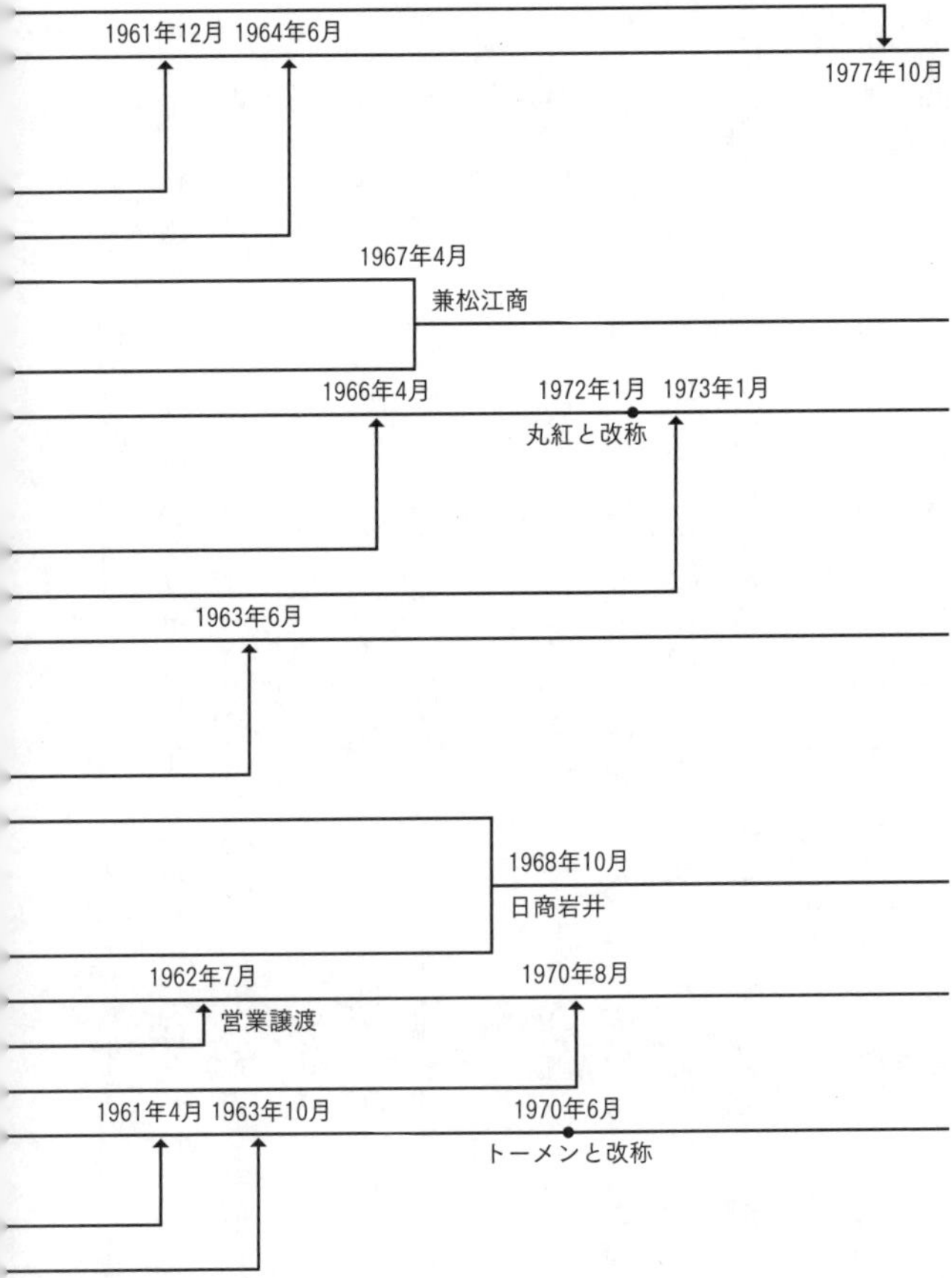

（田中隆之著『総合商社の研究』より作成）

図表11　総合商社の合同過程(～1980年)

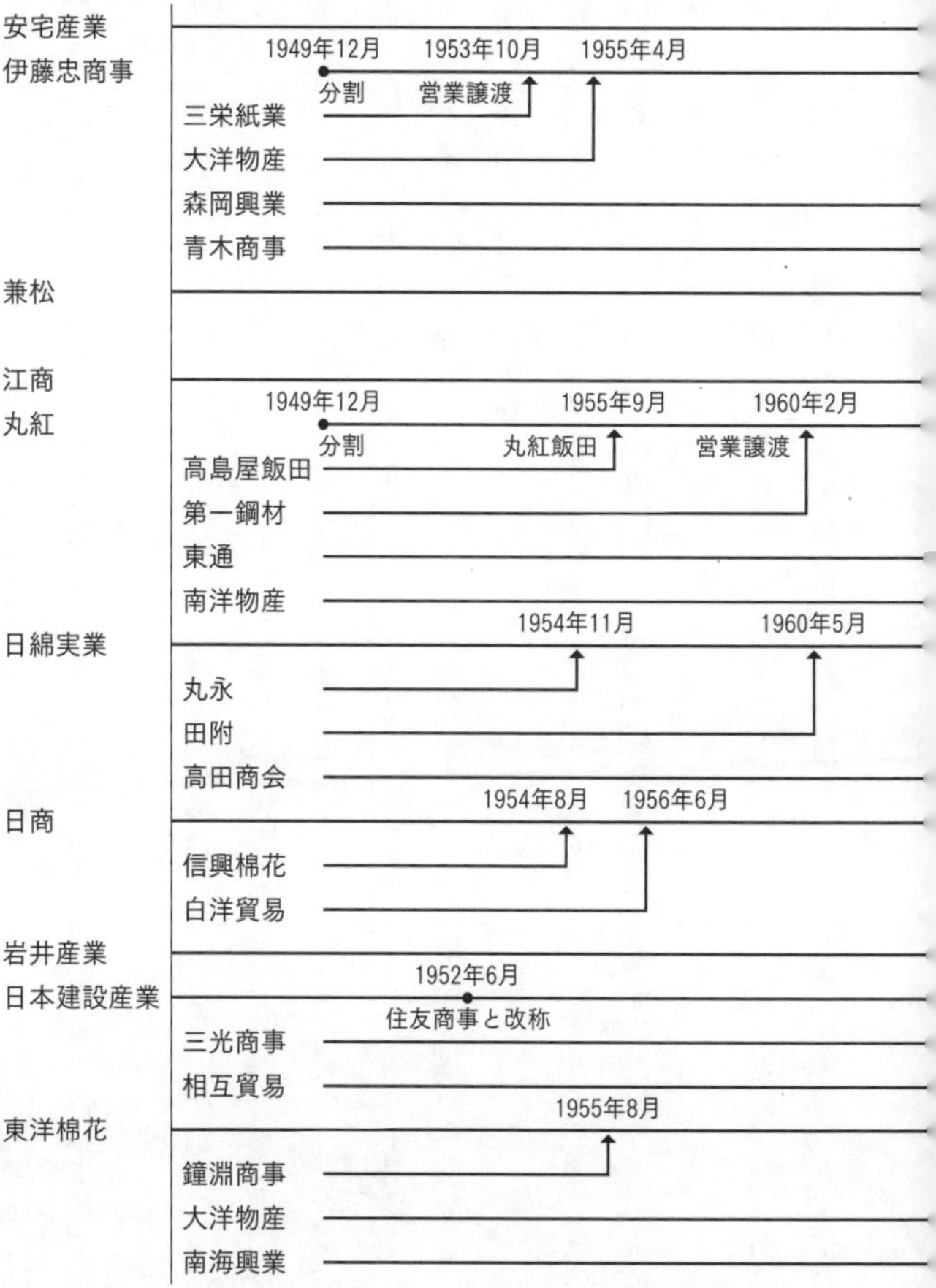

※三菱商事、三井物産の合同過程を除く。営業譲渡、改称、分割以外は合併
※1980年以降は図表15(186～187ページ)を参照

鉄鋼を取り扱うには、鉄鋼会社の指定問屋となる必要があった。指定問屋制は戦前からの制度だが、戦後も存続、指定問屋は旧財閥系商社と鉄鋼専門商社、鉄鋼問屋で構成されていた。

丸紅は、高島屋飯田を合併することで、富士・八幡両製鉄所と取引をすることができるようになり、一九五五（昭和三十）〜一九六五（昭和四十）年の間に、鉄鋼取引量を7倍に増加させた。この合併は、伊藤忠商事をはじめとするライバル他社の総合化戦略を強く刺激したと言われている。同社は、さらに一九六〇（昭和三十五）年に日本鋼管《こうかん》の指定問屋であった第一鋼材を吸収し、一九六六（昭和四十一）年には富士製鉄の製品をアメリカに輸出していた東通《とうつう》を合併した。

伊藤忠商事は、三栄《さんえい》紙業の営業を譲渡されて紙・パルプ部門へ進出したり、大洋物産を合併したりすることで、非繊維部門の人材と中国貿易の基礎を築いたほか、鉄鋼商社の森岡興業を合併している。

その他、東洋棉花の南海興業合併、日綿実業の高田商会の合併などが注目される。もっとも、日綿実業が合併した丸永や東洋棉花が合併した鐘淵《かねがふち》商事は繊維商社であり、必ずしも総合化につながらない合併も行なわれている。

ところで、総合商社化の過程で重要な位置を占めたのが、鉄鋼の取り扱いとその原料である鉄鉱石の調達である。前述のように、商社は一九六〇年代に鉄鋼企業とともに、日本の鉄鋼原料大量調達システムを形成した。それまでの単純買鉱から開発輸入による長期契約方式へと資源調達システムが転換するなかで、開発輸入機能をはたしうるかどうかが、言わば総合商社化の試金石《しきんせき》になった（田中彰二〇一二）。

開発輸入の初期投資が、鉄鋼企業に鉄鋼資源を供給する時の口銭のなかに含まれて回収されるという形での商権が確立。また、鉄鋼企業の産出物としての鋼材を取り扱う商権とも相互補完的な関係を作り出したと考えられる。

したがって、繊維系商社の総合商社化にとって、合併などによって鉄鋼企業の指定問屋になるのと同時に、鉄鋼資源の開発プロジェクトに参加することがきわめて重要な位置を占めた。一九五〇～一九七〇年代初頭までの主要な鉄鉱石開発輸入プロジェクトの投融資元には、鉄鋼企業や鉄鋼専門商社、三井物産ら旧財閥系商社に交《ま》じって、江商（一九五六、一九六〇年）、田村駒（一九六〇年）、丸紅（一九六〇、一九六五、一九七一、一九七三年）、伊藤忠商事（一九六七、一九七一年）などの繊維系商社がみられる。

取扱品目に占める繊維比率が売上高ベースで50％以下という基準を繊維商社の総合化のメルクマールとすると、丸紅が一九六〇（昭和三十五）年、伊藤忠商事、東洋棉花、日綿実業が一九六二（昭和三十七）年にこれを達成している。また、3分の1を割る時点とすると、丸紅が一九六五（昭和四十）年、東洋棉花が一九六九（昭和四十四）年、伊藤忠商事が一九七〇（昭和四十五）年のことである。

鉄鋼系商社の総合商社化

鉄鋼系商社の総合商社化の過程もみてみよう。

岩井産業、日商、安宅産業など鉄鋼系商社は、彼ら（日商はその前身である鈴木商店）が旧官営八幡製鉄所の指定問屋になっていたために、そう呼ばれたのであり、必ずしも鉄鋼が取扱高の中心を占めたわけではない。もっとも、鉄鋼（金属）と機械を合わせると50％を大きく超える品目構成になっていたから、これを意識的に是正《ぜせい》しようとしていた。そして、繊維系商社とは逆に、繊維品の取り扱いに進出しながら売上高を増やしていった。

日商の場合には合併がその手段となり、信興《しんこう》棉花（一九五四年）や白洋貿易（一九五六年）を合併することで、食糧や繊維の商権を拡大した。岩井産業では一九六二（昭和三十七）年九月期に、金属・機械の取扱比率が50％を割っている。日商でも、この前後に同様の構成になったようだ。なお、岩井産業は一九六八（昭和四十三）年に日商に吸収合併され、日商岩井が誕生した。

鉄鋼系商社は言うまでもなく鋼材を扱っていたが、鉄鋼資源の開発輸入に参画することが、総合商社化の過程で重要な試金石となったのは、繊維系商社の場合と同じである。

鉄鉱石開発輸入プロジェクトには、初期のものに岸本商店（一九五一・一九五八年）、木下商店（一九五二・一九五八・一九六三年）、山本商店（一九六〇年）、南洋物産（一九五八年）、東通（一九五五・一九六四年）、岩井産業（一九六〇年）、日商（一九六三年）などが参加している。

しかし、岩井産業や日商を除くと、自ら総合商社化することはなく、岸本商店は大倉商事に、木下商店（のちに木下産商）は三井物産に、山本商店（のちに山本産業）は川鉄商事に、そして南洋物産と東通は丸紅に吸収合併されていった。

開発輸入・長期契約に特徴づけられる鉄鋼資源大量調達システムは、山元《やまもと》の遠距離化、鉱山・輸送システムの巨大化をもたらし、共同購入のため、多くの企業がまとまって幹事企業が山元と交渉する方式を発生させた。これに対応する商社には、グローバルな地域展開や巨額の金利負担に耐えられる財務体質の強さ、そしてオーガナイズ能力が求められた。

たとえば、木下産商はオーストラリアのローブリバー鉱山の開発に手をつけたが、出荷までを担う能力がなかったため、開発を成功させたのは三井物産だった。同社が経営悪化から吸収合併されるに至る直接の原因は、財務体質の弱さだった。

結局、鉄鋼系商社で総合商社化に成功したものは日商岩井、安宅産業などであり、繊維系商社に比べると少なかった。

このことは、商社の総合商社化にあたり、とりわけ鉄鋼資源開発に関連した機能と、鉄鋼企業との関連は重要であったが、さらにそれを支える能力として、資金調達力と幅広い取引を基礎としたグローバルな地域展開も必要であったことを示唆している。

なお、鉄鋼企業の指定問屋となっていた商社は集約されながら、鉄鋼専門商社として

（場合によっては鉄鋼企業の子会社などとして）存続するものも少なくなかった。

繊維系・鉄鋼系商社の総合化の過程で行なわれた合併には、銀行主導によるものが目立った。たとえば日綿実業は三和銀行（現・三菱東京ＵＦＪ銀行）の、丸紅は富士銀行（現・みずほ銀行）の、そして日商は第一銀行（現・みずほ銀行）の主導で合併に踏み切っており、このような業界再編が、企業集団への組み込み過程でもあったことを示している。

このようにして、繊維系・鉄鋼系の専門商社は、ほぼ一九六〇（昭和三十五）年前後に総合商社としての体裁を整えた。

三井物産、三菱商事の復活

一九四七（昭和二十二）年に解散させられた三井物産と三菱商事は、ＧＨＱによる制限の緩和を受けて、再結集に向かった。これが、総合商社化の第3の動きである。

ＧＨＱは、一九四九（昭和二十四）年三月に「制限会社の規制に関する覚書」を、翌年十月に「貿易会社の解体に関する覚書」を発し、両社の合同に対する制限は大幅に緩和された。先にみた繊維系商社などが総合化を目指すのと、ほぼ同時期である。ただし、大合同が完了するのは、三菱商事が一九五四（昭和二十九）年七月、三井物産では一九五九（昭和三十四）年二月のことであり、現在につながる企業として成立するのはかなり遅い。

解散の際には清算が行なわれたが、その過程で債権の回収、保有不動産の処分は困難をきわめた。そこで、持株会社整理委員会はこれらを促進するために、一九五〇（昭和二十五）年に三井物産を継承する日東《につとう》倉庫建物（三月）、三菱商事を継承する光和《こうわ》実業（四月）を設立させた。両社の大合同は、これら「第二会社」を中心に展開して行なわれた。

旧三菱商事系の商社は、この時点ですでに12社に集約されていたが、それらが大合同して一九五二（昭和二十七）年に不二商事、東西交易、東京貿易の3社が成立。3社とも、取扱商品が多角化しており、たがいに激しい競争を展開していた。同年、サンフランシスコ講和条約の発効にともない、財閥商号使用禁止などの政令が廃止されたため、光和実業が三菱商事に商号変更した。

こうしたなか、三菱銀行をはじめとする三菱系企業首脳が、4社が大合同することを要請、一九五四（昭和二十九）年七月に新しい三菱商事が成立した。

旧三井物産系企業は、さらに多くの企業に分割されており、集約が遅れていた。しかし、一九五一（昭和二十六）年頃までには、第一物産、第一通商、そして日東倉庫建物・室町物産を中心とする3グループにまとまっていた。

一九五二（昭和二十七）年、日東倉庫建物が三井物産に商号変更して、翌年には室町物産を合併している。一九五四（昭和二十九）年には、三菱商事の合同も影響して、三井銀行などを中心に合同を望む声が高まったが、交渉は難航して進展しなかった。第一物産は一九五五（昭和三十）年に第一通商などを合併、同社が事実上、旧三井物産の多くの事業を継承して、総合商社の形態を整えていた。

その後、三井系会社社長有志会のあっせんなどにより、ようやく一九五九（昭和三十四）年二月に三井物産と第一物産が合併、新しい三井物産が発足した（第一物産が存続会社）。旧三井物産の商権を引き継いだゼネラル物産（のちにゼネラル石油）や、食品部門の一部を引き継いだ東京食品（のちに東食《とうしょく》）は参加しなかった。

このように、三菱商事が早期に合同を完了したのに対し、三井物産は5年近くの後《おく》れを取った。また、三井物産では、解散前における部門の大きな部分が合同に加わらなかった。その理由として、次の3点が指摘されている。

第1は、三井銀行の資金力不足であり、再結集の過程で発生する債務処理で十分な資金を手当てできなかったこと。第2は、旧三井物産系会社間の足並みの乱れ。たとえば、旧三井物産の第二会社である日東倉庫建物が三井物産と改称後も、その商号の使用をめぐって後継会社間で紛争が起きている。

第3は、三井物産と三菱商事の商社としての成り立ちの違いである。第2章でみたとおり、三菱商事はそもそも財閥系大メーカーの原料輸入・製品輸出の必要性から発足している。三井物産の場合はまったく逆に、それ自体が先にあり、東レや三井造船などの製造企業が発足している。したがって、はじめから産業部門のリーダーシップの強い三菱グループは重化学工業の発展にともない、グループ製造企業の要請を受けて商事部門がまとまりやすい体質にあった（橘川一九九二）。

以上の再結集の動きに加え、三井物産が関西系繊維商社の老舗・田村駒を、三菱商事が又一を系列化したのが注目される。繊維部門を強化し、繊維における関西系商社固有の地盤を切り崩そうとしたとも言われている。

また、戦前からの関係で、三井物産は鉄鋼6社すべての、三菱商事は住友金属を除く5

社の指定問屋だった。資源開発プロジェクトには、オーストラリアのサベージリバー（三菱商事、一九六五年）、マウントニューマン（三井物産、一九六七年）などのほか、チリ、ブラジルなどのそれに積極的に参加して、業界をリードした。

住友商事の新設

総合商社形成の第4の類型として、住友商事の新規参入が挙げられる。同社は、企業集団・住友グループにおける商社として位置づけられる。

戦前、住友財閥はその傘下に独立の商社を持っておらず、第一次大戦後の商社設立ブームにおいても、その設立を見送っている。しかし、住友本店が合資会社に改組した一九二一（大正十）年時点で、住友合資会社は直営事業として鉄鋼販売店のほか国内に5販売店、海外に3販売店を擁し、独自の販売店組織を作り上げていた（前田一九八八）。

商社設立の動きは、財閥解体が決まった一九四五（昭和二十）年に、住友土地工務が日本建設産業と改称されて商事活動を開始したところからはじまった。その後、財閥商号使用が解禁された一九五二（昭和二十七）年、住友商事に改称した。

同社内では、第一次大戦ブーム期に商事部門への進出を断念している経緯もあり、この時も慎重論があったという。設立の動機としては、以下2点が挙げられる。

第1に、財閥解体にともなう住友系従業員の雇用確保と人材温存である。第2には、将来の貿易の発展に際し住友系以外の商品も扱うことが、情報収集の観点から住友グループ全体を利《り》することになる、との判断である。

住友商事は当初から総合商社を目指したが、住友金属、住友電工などの製品を取り扱うことからはじめたので、初期の段階では、金属・機械・電線などの占める比重が圧倒的に高かった。

当初から住友金属の指定問屋であったが、のちに新日本製鐵（新日鉄）、川崎製鉄の指定問屋の地位も得ている。鉄鉱石開発プロジェクトには、一九六五（昭和四十）年にオーストラリアのサベージリバー鉱山をはじめ、一九七一（昭和四十六）年にコートジボアール、ブラジルのものにも参加している。

食糧、食品、繊維、紙パルプなどの部門では、外部人材を登用しながら商権を拡充していった。

10大総合商社体制の成立

以上のように、総合商社は異なる歴史を持った企業が、かなり均質な事業内容を持つ企業群に収斂《しゅうれん》する形で形成されていった。

先にみたように、関西五綿などが繊維品取扱比率を低下させて総合商社化した時期は、一九六〇年代前半である。また戦前の「総合商社」であった三井物産と三菱商事が二つとも合同をはたすのが一九五九（昭和三十四）年である。したがって、この一九六〇（昭和三十五）年前後の時期を、総合商社体制の成立期ととらえてよいだろう。

この時、総合商社と呼べる企業は12社あった。世上《せじょう》、「10大総合商社体制」と言われるが、それは一九六八（昭和四十三）年に日商と岩井産業が合併して日商岩井が成立してから（その前年に兼松と江商が合併して兼松江商が成立）、一九七七（昭和五十二）年に安宅産業が伊藤忠商事に吸収合併されるまでの９年間である（186〜187ページの図表15）。

10社は安宅産業、伊藤忠商事、兼松江商、住友商事、トーメン、日商岩井、日綿実業、丸紅、三井物産、三菱商事を指す。

だが、均質な事業内容を持つ総合商社群がしのぎを削った時期という意味で10大総合商社体制（広義）の時期を特定するならば、一九六〇（昭和三十五）年前後から、兼松（一九九〇年に兼松江商から改称）が総合商社の看板を下ろす一九九九（平成十一）年までのおよそ40年間になる。そして、同年以降、現在の7社総合商社体制に向けての第二次再編がはじまることになる（後述）。

では、均質な事業内容の形成過程をみてみよう。

図表12は、一九五三（昭和二十八）年、つまり三菱商事合同の前年（三井物産合同の6年前）時点のものだが、取扱高をみると、関西五綿など繊維系商社が、合併して大きくなりつつあった旧三井物産や旧三菱商事の後継諸会社を凌駕《りょうが》していることがわかる。しかし、後継会社の取扱商品はバランスが取れており、総合商社と呼べるものが多いのに対し、繊維系・鉄鋼系商社ではそこまでの多様化が進んでいないこともわかる。

このように、当初、取扱商品はバラツキが大きかったが、その後、各社の総合商社化戦略が進み、次第に均質化が進んでいった。

その他
6.0
3.0
3.2
7.0
8.4
14.5
0.7
21.6
5.5
7.8
19.8
35.3
12.0
15.3
24.5
12.5
21.6
21.6
2.6

より作成）

一九七三（昭和四十八）年時点をみると

図表12 戦後初期における商品取扱高と構成比

		商社	取扱高（百万円）	構成比（%）		
				繊維	機械金属	食糧肥料
繊維系	関西五綿	伊藤忠商事	71, 536	76. 1	7. 5	10. 4
		丸紅	62, 040	80. 0	7. 0	10. 0
		日綿実業	52, 313	66. 5	5. 6	24. 7
		東洋棉花	41, 491	75. 0	8. 0	10. 0
		江商	40, 564	78. 4	6. 1	7. 1
	その他	兼松	66, 568	51. 5	-	34. 0
		又一	37, 258	80. 7	3. 8	14. 8
		高島屋飯田	26, 559	65. 9	5. 7	6. 8
		白洋貿易	15, 652	53. 5	3. 6	37. 4
鉄鋼系		日商	26, 095	23. 9	58. 7	9. 6
		岩井産業	24, 439	20. 0	52. 6	7. 6
		安宅産業	23, 581	18. 0	36. 5	10. 2
		大倉商事	7, 906	1. 0	79. 9	7. 1
旧三井物産系		第一物産	56, 363	11. 0	17. 5	56. 2
		第一通商	43, 666	19. 3	14. 0	42. 2
旧三菱商事系		不二商事	40, 310	26. 8	39. 4	21. 3
		東京貿易	30, 520	-	31. 7	46. 7
		東西交易	29, 139	15. 3	26. 5	36. 6
その他		住友商事	29, 397	5. 4	70. 3	21. 7

※1953年9月期決算

（公正取引委員会事務局編『再編成過程にある貿易商社の基本動向』

（156〜157ページの図表13）、各社ごとにバラエティがあるものの、一九五三（昭和二十八）年と比べれば（図表12）、繊維系、鉄鋼系といった特徴はおおいに薄まっている。事業分野に関する限り、まさに金太郎飴のような企業が並んでいる。

　取引高の構成を、輸出、輸入、外国間貿易、国内取引という4

分野に分けると、一九七三（昭和四十八）年段階で大雑把に15：20：10：55となっており（例外もあるが）、10大商社間で、大きな違いはない。

　当時の有価証券報告書（単体）における部門構成は、各社とも金属、機械、化学品、食料、繊維、資材その他の6部門、ないし燃料部門を独立させて加えた7部門に統一されている。各社内で実際に置いている部門の構成はこれと異なる場合も多かったが、報告書上統一した書き方が可能であるほど、各社は横並びで不採算部門をつぶさずに、「総花的」に多くの部門を抱えていた。


（%）

軽工業品		
繊維	資材その他	（計）
9.4	6.7	29.2
9.3	14.2	38.0
20.2	10.5	43.5
32.1	8.2	52.5
8.2	9.2	29.2
10.0	21.3	42.4
25.8	7.3	47.3
28.6	11.1	58.3
17.0	20.7	52.2
21.2	11.7	53.1

『総合商社と世界経済』より作成）

戦後の総合商社の特徴

　このようにして成立した戦後の総合商社は、どのような特徴を持つ事業体であったのだろうか。

　戦後商社の研究において、ほぼコンセンサスとなっている認識として、早稲田大学教授

図表13 高度成長期末期における部門別構成比

	重化学工業品					
	金属	機械	燃料	化学品	(計)	食料
三菱商事	34.8	16.9	11.3	7.9	70.8	13.1
三井物産	33.7	16.9	–	11.4	62.0	14.5
丸紅	27.0	20.8	–	8.7	56.5	12.8
伊藤忠商事	15.2	16.9	–	15.3	47.5	12.2
住友商事	36.8	18.7	–	15.4	70.8	11.7
日商岩井	38.9	18.7	–	–	57.6	11.1
トーメン	24.0	21.4	–	7.4	52.7	14.2
兼松江商	22.9	12.0	–	6.7	41.7	18.7
安宅産業	35.6	12.2	–	–	47.8	14.5
日綿実業	24.1	12.3	–	10.5	46.9	20.3

※1973年度の取扱高

（大木保男著

の川辺《かわべ》信雄《のぶお》のものを取り上げておこう。同氏は、「他の貿易商社と区別して、上位9社を総合商社と呼ぶ」理由として、「他の貿易商社の持たない、次のような特徴が備わっているから」と述べている（川辺一九九一）。

①取引商品が多種類にわたること。
②国内および海外に多数の支店・出張所を持ち、その取引分野が国内商業・輸出入貿易および三国間貿易（外国間貿易）にわたること。
③取引高が巨大であること。
④いっぽうで機械・技師・原材料を産業に提供し、他方ではその製品のための市場

を開発するという活動を通じて、産業に対するオルガナイザー（原文ママ）の役割をはたすこと。

⑤一手販売権の獲得などのための資金の供与によって、多くの子会社・関係会社を持ち、持株会社的性格を備えること。

⑥近代的経営管理システムを有すること。

この論考は一九九一（平成三）年に書かれているが、このような認識は10大総合商社体制成立の頃から総合商社自身や研究者によって共有されていたものである。本書も、これを総合商社の「原型」を示す属性として論を進めていく。

総合商社の四つの機能

右の論考では、単に多商品を多地域で大量に取引する①②③に加え、④⑤の貿易業務以外の機能や⑥の組織・体制の充実度が重視されている。こうしたトレード（商品取引）以外の多様な機能について、おおむね次の四つが論じられてきた。

第1は、事業投資機能である。

これは戦前の「総合商社」にも備わっていたが、戦後の総合商社もまた事業投資を行ない、多くの子会社を持った。とりわけ、企業集団（後述）の一員として新規産業設立に関与する場合にも、この機能が強調された。

しかし、このような投資も含めて、戦後総合商社の「原型」における投資の目的は、多くの場合、商権獲得だった。典型は、すでにみた資源開発でのサプライヤーへの投資である。その主目的は、現地企業の経営権の獲得でも、投資から得る収益でもなく、投資コストは鉄鋼企業に鉄鉱石を供給する時の口銭として回収された。

このビジネスモデルは二〇〇〇年代以降変化しており、事業投資機能は新しい形で発揮されていく。

第2は、オーガナイザー機能である。

これは、企業集団との関係で指摘されてきた。総合商社の多くは、6大企業集団に属するか、またはそれとの関係を持つことになった。

戦後、財閥系および非財閥系の企業集団が形成され、「6大企業集団」と呼ばれた。三井、三菱、住友の財閥系3集団と、芙蓉《ふよう》系（富士銀行系）、三和銀行系、第一勧業銀行系の非財閥系3集団である。所属企業はおたがいに株式を持ち合い、社長会を通して情報交換が行なわれ、取引関係の親密化がはかられた。三井物産、三菱商事、住友商事はそれぞれ旧財閥系集団に属し、非財閥系では流動的な側面もあったが、丸紅が芙蓉グループ、伊藤忠商事が第一勧業銀行グループ、日綿実業と日商岩井が三和銀行グループに接近した。

総合商社は、各企業集団が原子力産業や石油化学へ進出する際に、幹事会社としてプロジェクトに資本参加（投資）し、参加企業を取りまとめる役割をはたした。これをオーガナイザー機能と呼ぶ。たとえば、原子力産業の場合、関連機器の輸入代行業務を担うだけでなく、技術導入の条件交渉、契約の取りまとめなどを行なった。石油化学の場合には、中間製品から最終製品までのプロセスが長いため、総合商社は、原材料の輸入から中間製品、最終製品の販路の拡大などを担った。

このように、オーガナイザー機能は投資機能と相《あい》まって、物流における商権の獲得に役立った。しかし、これは企業集団内の関係に限定されて理解されるべきではない。

鉄鋼資源開発プロジェクトの場合、複数の企業集団にまたがる鉄鋼企業数社が共同購入を行なう形となった。その幹事企業となった1社または2社の商社が、山元への投資を多く行なううえ、鉱山設備機材、ペレットなどの生産設備、港湾設備、鉄道、住宅などのインフラ建設をアレンジした。そのようなオーガナイザー機能の対価も、商権から発生する口銭として回収されたと考えられる。

第3は、金融機能である。

商社の金融機能で重要なのは、企業間信用である。商社は商品売買にあたり、その商品の仕入先メーカーに自社の手形を渡し、販売先から手形を受け取る。総合商社は、大規模でかつ大銀行との関係が密接であることから信用力が高く、その手形が企業間信用をつなぐ役割をはたした。そして、貸し倒れのリスクを、巨大な売上規模のなかに分散することができた。銀行は安定した大企業には巨額の融資をしたが、リスクの高い中小メーカーに関しては、商社に与信管理を任せ、商社に対し資金供給を行なったという見方もできる(川辺一九九一)。

いずれにしても、金融機能が中小メーカーとの取引における商権の維持に役立ったことは、言うまでもない。

第4は、情報収集機能である。

一九四九（昭和二十四）年に海外支店の設置が許可されてから、海外支店網の拡充は急速に進み、一九五〇年代に10大商社合計で約80カ所だった在外事業所は、一九七〇年代後半には1400カ所を超えた。

それまで外国の代理業者やブローカーに頼っていた輸出入取引を自らこなせるようになり、情報の拠点としての重要性も高まっていった。多くの総合商社は、世界各国の事業所に自前の通信網（テレックス）を持っていたから、現在のようにIT（情報通信技術）が進歩していない当時、その国際政治・経済に関する情報収集機能は外務省をしのぐとまで言われた。こうした情報を取引先に提供することの対価も、総合商社は口銭によって回収していたと考えられる。

要約しよう。総合商社は、単なるトレードを行なうだけでなく、投資機能・オーガナイザー機能・金融機能・情報収集機能などを持っている。戦後成立した総合商社の「原型」は、これらの機能を使って商権（長期的取引を行なう権利）を獲得し、これら機能の対価の多くを口銭の形で回収するビジネスモデルを基本としていた。

「商社斜陽論」がはずれた理由

一九六〇（昭和三十五）年頃に成立した10大総合商社体制（広義）は、先に述べたように一九七七（昭和五十二）年以降9社となるが、複数の商社による事業領域の絞り込みやそれにともなう業界再編成がなかったという意味で、一九九九（平成十一）年まで約40年間続いたとみてよい。

同年以降2〜3年の時期に兼松、トーメン、日商岩井、ニチメンが不採算部門からの撤退、事業領域の絞り込みを行なった結果、業界が再編成され、二〇〇六（平成十八）年に7社体制に移行する（後述）。

いっぽう、総合商社のビジネス構造も、一九六〇（昭和三十五）年前後に成立した「原型」から、現在の総合事業運営・事業投資会社に向けて、時間をかけて変貌していった。ここからは、図表14（164〜165ページ）に沿って事業内容の変化の過程をみていくことにしよう。

約40年間、総合商社体制は安泰であったわけでなく、収益の低下に見舞われるたびに、総合商社という業態の先行《さきゆ》きへの懐疑論、悲観論が繰り返し浮上した。そして、そのよう

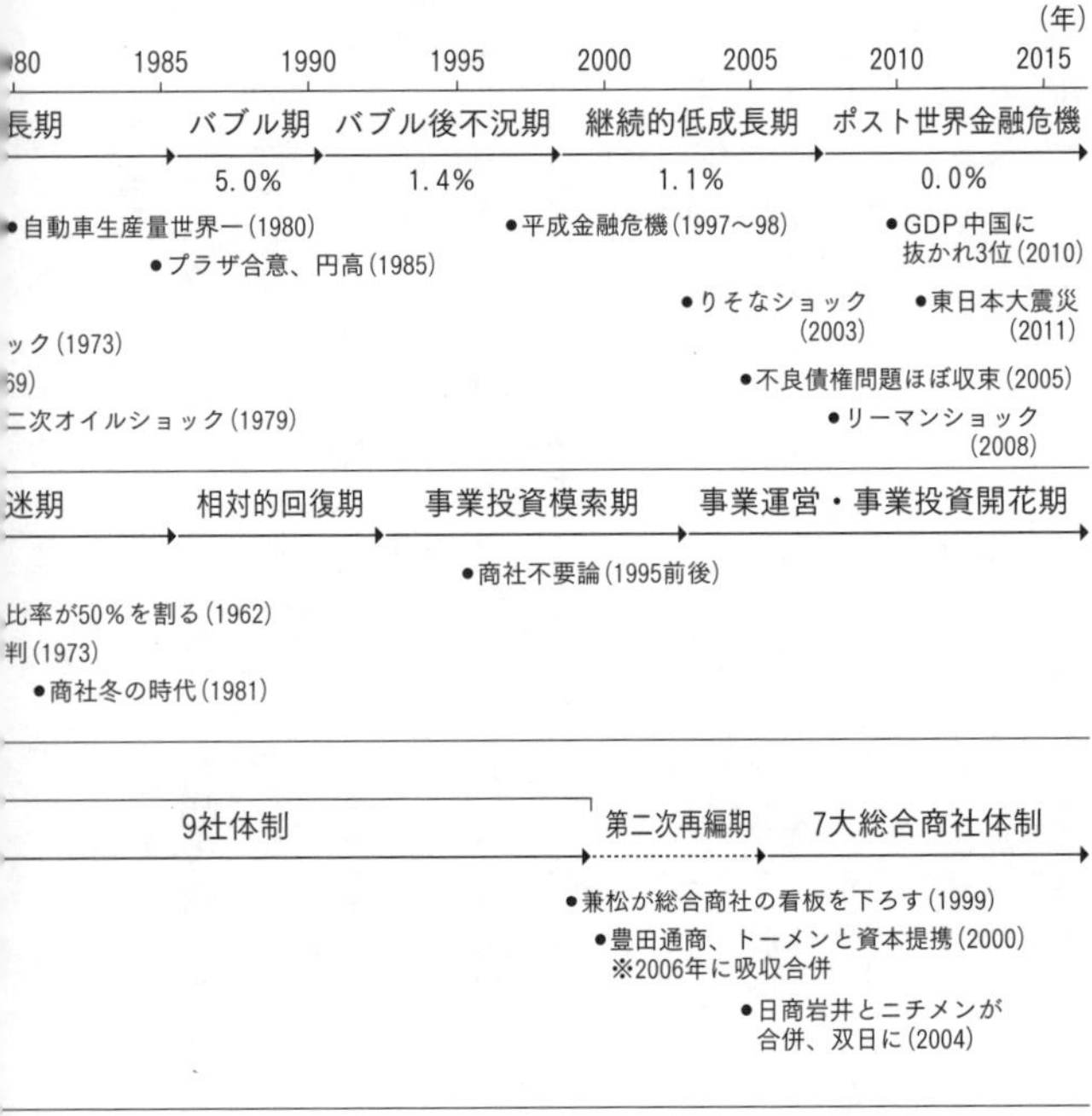

(筆者作成)

な「不安」を原動力として、新しい業務分野の展開やリスク管理、ガバナンス体制の強化が行なわれてきたことは見逃せない。

　総合商社は当初から単なるトレードだけでなく、投資機能やオーガナイザー機能など多様な機能を備えていたが、あくまでも収益の源泉はトレードであった。そして、トレードだけでは生きて

図表14 戦後の日本経済と総合商社

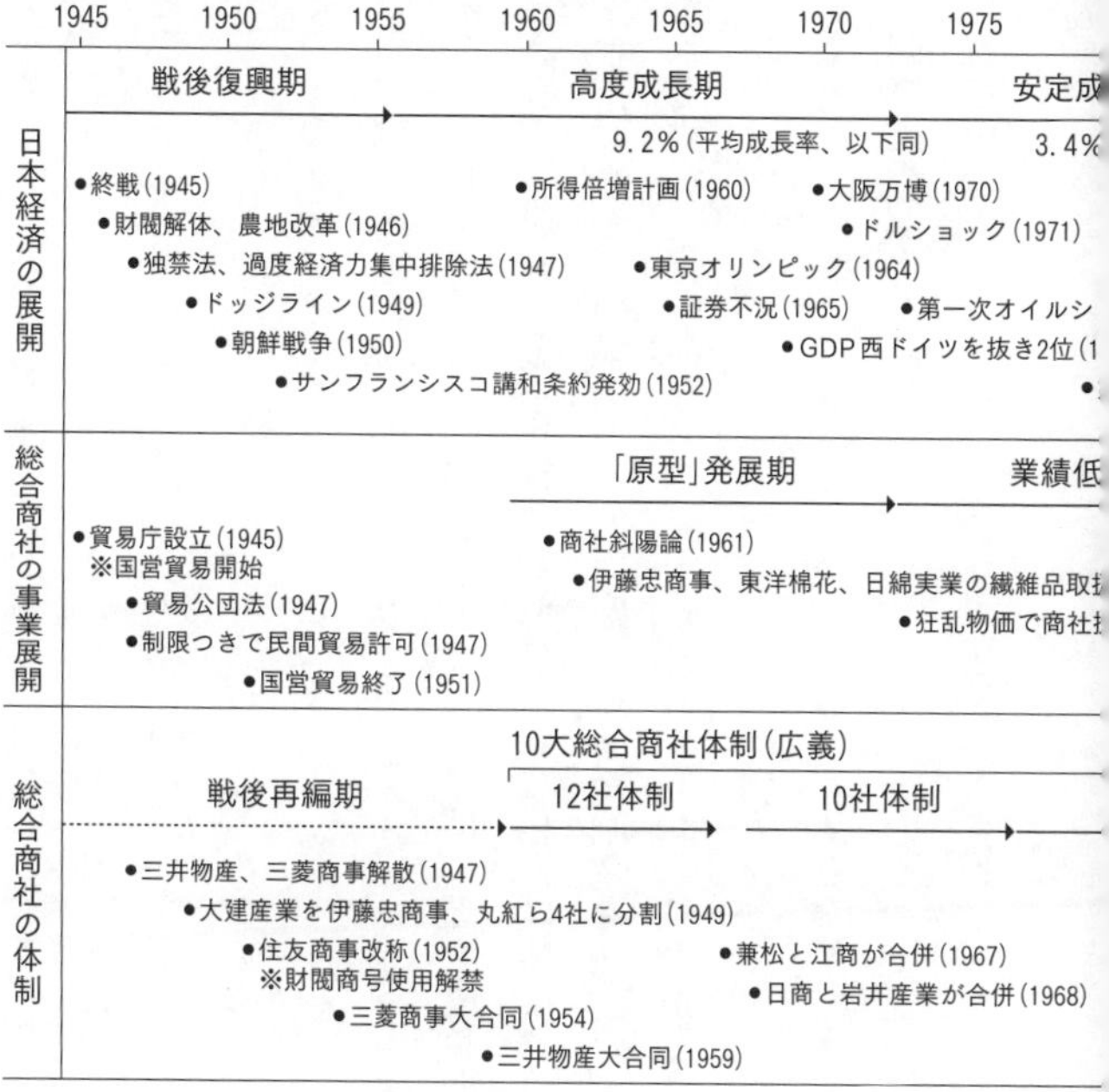

いけないという危機意識を、総合商社自身が強く持っていた。

「商社斜陽論」が展開されたのは、早くも一九六一（昭和三十六）年のことである。「コミッション・マーチャントとしての商社活動」の限界を指摘、メーカーが巨大化していくにしたがい独自の販売網を構築していくため、商社はいらなくなるか、手数料を取るだけの存在になるという論考である（御園生一九六一）。つまり、トレードでは、商社は十分な収益を得られなくなる可能性が高いことが指摘されていた。

ところが、斜陽になるどころか、総合商社はますます業容を拡大させた。高度成長が続いたことで、まだトレードで収益を上げることのできる状況が継続したからだ。これにはいくつかの側面がある。

一つには、前述の資源開発プロジェクトが次々に組成されたため、「原型」としてのビジネスモデルが典型的に展開された。二つには、高度成長期の日本のメーカーは自己資本がとぼしく、設備資金を銀行から借り入れていた状態であり、実際には流通の支配に乗り出す余裕がなく、組織的・人的対応にも手が回らなかった。さらに、産業構造上の比率が高かった鉄鋼、化学品など、巨大原材料メーカーの販売先は中小企業であり、直接取引するには相手が多すぎて効率が悪いという事情もあった。

結果的には、商社斜陽論は唱えられるのがすこし早すぎたと言える。一九八〇年代になると商権は空洞化をはじめ、また、メーカーの流通支配がはじまり、商社の口銭は引き下げられていった。しかし、危機意識を持った各社は、早くからトレード以外の業務への足場を築き、それは高度成長期後にも総合商社を存続させる要因になった。

余談になるが、同じ時期に、「流通革命」が唱《とな》えられ、有名な「問屋無用論」が展開される（林一九六二）。この背景には、ダイエーをはじめとするスーパーマーケットの躍進があり、小売業界の大規模化の進行があった。

生産面で大量生産化が進み、メーカーが流通機構の改革に乗り出し、そのいっぽうでスーパーのような大型小売店が出現したために、生産者と小売商の直接取引が増え、中間に位置する問屋はいらなくなるとされた。結局、この問屋無用論も不発に終わるが、商社斜陽論のケースと似ているのは興味深い。

高度成長下の業容拡大

高度成長期には、総合商社の「原型」が発展し、業容は拡大した（「原型」発展期）。つまり、投資機能やオーガナイザー機能、情報収集機能を駆使しつつ、商権を確立してトレードから収益を得るビジネスモデルが追求された。

この時期の特徴の第1は、資源分野（金属、燃料部門）の、いわゆる開発輸入がはじまったことである。

資源の輸入形態には、①単純買鉱（スポット的な買いつけを含む）、②融資買鉱（開発資金を相手方に融資するなどして安定供給を確保）、③開発輸入（自ら資源開発に参加するなどして供給を確保）がある。

一九六〇（昭和三十五）年頃までは単純買鉱が普通だったが、日本の重化学工業化による資源・エネルギー需要の増加と、輸出国での資源ナショナリズムの高まりを受けて、開発輸入による安定供給が求められ、それに参画して中核的な役割をはたしたのである（第1章で詳述）。

オーストラリアの鉄鉱石に加え、パプア・ニューギニアの銅鉱、ブルネイの液化天然ガス（LNG）開発などが、その例として挙げられる。ただし、この時期の開発事業からの収益は、トレードが主《しゅ》であり、投資収益が従《じゅう》であったと考えられる。

第2の特徴は、プラント輸出が大きく伸びたことである。

その需要の一部は、資源開発プロジェクトに付随して発生した。これを行なうには、機械機器の納入というトレードの機能だけでなく、現地での土木工事、据えつけなど運転開始までの業務を担うため、工事を担う企業をアレンジする機能が必要であり、企業集団が一定の役割をはたした。また、案件そのものをキャッチする情報網、金融機能も必要であり、総合商社はこれらの機能を総動員して、プラント輸出を行なった。

具体的には、火力発電プラント、化学プラント、砂糖プラントなどを挙げることができる。これらをフィリピン、韓国などの東・東南アジア諸国や、インド、ソ連、イラク、サウジアラビア、南米諸国などからも受注している。この時期に、プラント輸出が伸びたことは、総合商社が第三国間（外国間）貿易を拡大するきっかけともなった。

第3の特徴は、国内での新規分野（いわゆる「川下」部門）への展開である。

高度成長は食生活や住環境の変化、余暇《よか》の増大にともなう新しいレジャーの登場など、新しいビジネスチャンスをもたらした。総合商社はこの機をとらえ、ボウリング設備の販売、宅地・マンション・ゴルフ場開発などを行なった。

一例として、食品関連ではブロイラー（食用鶏）事業への進出が注目される。総合商社は、海外の畜産業者と提携してブロイラーの優良品種を輸入し、孵化《ふか》、肥育《ひいく》、処理、加工、そして流通までの過程をシステム化した。つまり、飼料となる穀物の輸入やそれを配合飼料に加工する業務、また製品販売先の確保にも総合商社がタッチしたのだ。これは、バリューチェーン戦略の原型と言えるだろう（第1章で詳述）。

三菱商事が、その販路を求めて、アメリカ企業との合弁で日本ケンタッキー・フライド・チキンを設立したのは、一九七〇（昭和四十五）年のことである。

第4の特徴として、各社が横並びで不採算部門をつぶさずに、「総花的」に多くの部門を抱えていたことも挙げられる。多分野での事業展開はトレードが中心であり、現在から振り返れば、売上高が重視され、自己資本比率は低く負債比率が高い「バランスシート軽視」の経営が行なわれていた。

商社冬の時代

一九七〇年代後半から一九八〇年代前半の安定成長期に、総合商社の業績は低迷した（業績低迷期）。それを象徴する言葉が「商社冬の時代」である。『商社――冬の時代』（日経ビジネス編集部）や、『総合商社の崩壊』（美里泰伸）などの書籍が話題になり、経済誌も同テーマの特集を組んだ。

業績の低迷は、9社計の売上高が一九七三（昭和四十八）年度から一九八二（昭和五十七）年度に2・5倍になっているのに対し、経常利益は1・2倍にすぎないことに表われている。

安定成長期の発端は、一九七一（昭和四十六）年のドルショックをきっかけとする変動相場制への移行とその後の円高、また一九七三（昭和四十八）年の第一次オイルショックによる原油価格の急上昇である。この二つが高度成長にピリオドを打つと同時に、田中角栄《たなかかくえい》首相の「日本列島改造論」も投機的な土地取引を助長し、物価と地価が高騰した。

こうした経済の激変が、総合商社の経営に逆風を起こした。

第1は、社会的批判の高まりである。

「狂乱物価」と言われる物価の暴騰のなかで、人々はトイレットペーパーや洗剤の買いだめに走り、パニックに陥った。そして、大企業が石油危機の名を借りて便乗値上げをしたとされ、とりわけ商社による生活物資の買い占め、売り惜しみなどの「悪徳商法」が、一般物価高騰の元凶として批判の的《まと》となった。

こうした批判を受け、大蔵省（現・財務省）は一九七四（昭和四十九）年末、銀行の大口融資規制を強化（一《いち》企業に対し都市銀行は自己資本の20％まで）したが、その狙いは総合商社の資金源を絞ることにあったと言われる。たとえば三菱商事の場合は、5年以内に2800億円を返済することになった。これは、総合商社の活動を大きく制約した。

第2は、商社を経由しないメーカーによる直接輸出の増加である。

これは、日本における輸出の主力が、繊維、鉄鋼、化学品などの素材型から、電気機械、自動車、精密機械などの組立加工型に変化してきたためだ。製品差別化の程度が高い後者では、メーカーが自社ブランドや独自の流通チャネルを形成しやすいとされる。

また、高度成長の終焉で金融の逼迫《ひっぱく》が終わり、メーカーも独自に海外ネットワークを形成しはじめたことで、商社の金融機能、情報収集機能が相対的に低下した。メーカーの総合商社離れが進み、商社が従来どおりにトレード機能を発揮する余地は狭《せば》まっていった。

第3に、為替の変動相場制への移行やオイルショックによる資源ナショナリズムの高まりで、為替リスクやカントリーリスクというこれまでなかったリスクが発生、新たな経営課題が生まれた。

第4に、多くの総合商社は、列島改造ブームで不動産の買収に進出したが、その後の価格低下で、長期にわたり、活用の目途《もくと》のない不稼働資産を抱えることとなった。

逆風下の対策

これらの逆風下、総合商社は次のような事業展開を行なった。

第1に、海外投資事業への取り組みである。

円高の進展を受けてメーカーが海外進出を活発化させたのを機に、総合商社は海外投資事業に積極的に取り組み、日本の海外直接投資をリードした。投資先が多いため、1件あたりの投資額は低いものの、総額では一九八二（昭和五十七）年度の日本企業の直接投資残高上位10社に、総合商社は6社が名を連《つら》ねている。

部門別にみると、繊維、金属、化学、食品加工の件数が多く、輸出基地として現地に合弁形態で進出するものが中心だった。これらはトレードのための投資、すなわち商権確保が目的の投資という側面が依然強かった。

資源分野では、高度成長期からはじまっていた開発輸入（とそのための投資）がより大きな規模で行なわれた。石油、非鉄金属、石炭などで、欧米の資源メジャーと協力する案件も現われ、サウジアラビア（三菱商事）、イラン（三井物産）で行なわれた石油化学コンビナートの建設では、総合商社が企業集団をオーガナイズして主導的な役割をはたした。

第2に、三国間取引の拡大である。

これは、伝統的なトレード機能を発展させる動きととらえられるが、前述の総合商社の海外直接投資による拠点の増加とも密接に関連している。取引先の途上国やソ連・東欧諸国のカウンターパーチェス要求（輸出先国から、見返りに当該国産品の購入を求められること）に応じられる、カウンタートレードの能力が発揮された。

アメリカが一九八〇年代に輸出商社を育成しようとして失敗したのは、この能力を持たなかったのが一因であるとされるが、日本の総合商社はこの意味での競争力を、当時から持っていたのである。

第3に、国際金融への取り組みである。

一九八〇（昭和五十五）年の外為法《がいためほう》（外国為替及び外国貿易法）改正で、国際資本移動が自由化され、海外での社債発行などが可能になった。総合商社はこれに対応して資金調達手段を多様化し、国際金融のノウハウを積極的に身につけていった。

この間、総合商社各社が懸命に行なった経営改善策にも注目しておきたい。海外投資案件の見直しを行なういっぽう、カントリーリスク対策として一国への投資限度を設けるなどのリスク管理、不良資産発生を防止するための社内教育などへの取り組みも強化している。

業績の回復

一九八〇年代後半になると、総合商社の業績は回復に向かう（相対的回復期）。一九八七（昭和六十二）年頃から、国内にバブル景気が訪れ、世界経済も顕著に回復しはじめたからだ。

それまで低迷していた商社の業績は、一九八五（昭和六十）年九月のプラザ合意後の円高と原油安、国内不況によって、当初は一段と落ち込んだ。とりわけ、燃料部門の売り上げは円高による円手取り額の減少、原油価格の下落、輸入数量減の3要因が重なって減少した。販売管理費が漸増《ぜんぞう》するなか、売上総利益（粗利《あらり》）が伸びず、営業利益が傾向的に低下していった。

経営改革をせまられた総合商社が、売上高重視を捨てて収益重視の方向を示す中長期の経営プランやビジョンを打ち出したのが、この時期である。

伊藤忠商事が「プラン88」を、三井物産が「長期基本戦略」を、三菱商事が「Kプラン」を、一九八六（昭和六十一）年に相次いで発表する。そこには、トレードよりも事業の創造によって利益を獲得すべきだという考え方や、「口銭収入よりも投資収益、単体決算よりも連結決算を重視する」方向性などが共通している（日本貿易会一九九八）。事業運営・事業投資の方向が、早くもこの時点で示されていたのである。

やがて、円高不況が克服《こくふく》されるにつれ、総合商社の収益は持ち直す。一九八六（昭和六十一）年度を底《そこ》に、一九八八（昭和六十三）年度には過去最高益に近づき、一九九〇（平成二）年度にはそれを大きく上回った。戦略転換の緊急性は失われ、全面的な経営体質の転換は、バブル崩壊後の不況期に持ちこされることになった。

バブル期の事業展開

この時期の事業展開で第1に注目されるのは、日米経済摩擦に対応した、輸入拡大への取り組みである。総合商社は製品輸入促進の要請を政府から受け、社内に製品輸入のための組織をつくる動きが広がる。対米協力のため、アメリカ製品の第三国への輸出にいっそう努《つと》める方向も示された。

総合商社扱いの輸入は食料品、飲料、スポーツ用品、装飾品、医療などで増えている。この時期、日本全体としてはアパレル製品の輸入が急増しているものの、商社はその恩恵にあずからなかった。だが、ブランド品の輸入では活発な動きを示しており、のちの展開の基礎が形成された。

輸出に関しては、前述したメーカーの直接輸出の増加などにより、総合商社はプラザ合意前の輸出主導型成長には乗れなかったうえ、プラザ合意後も円高に苦しんだが、ようやく一九八八（昭和六十三）年頃からプラント輸出などは活況を取り戻した。

第２に注目されるのは、海外製造業への投資である。

これは、円高が追い風になっている。円高により、海外投資が以前より相対的に安価になったからだ。当時は、メーカーあるいは現地パートナーが主体となるプロジェクトに、少数持株で参加する例が多かったが、アメリカでの鋼材加工業への投資などが新しい展開として注目された。

第3は、情報通信ビジネスへの参入である。これは、トレードとあまりつながりのない分野への進出という意味で注目される。

総合商社は一九八〇年代前半から、先端技術産業としての新素材、マルチメディアなどの事業化の可能性を探ってきたが、一九八〇年代後半から情報通信分野への進出がはじまり、事業投資が増えていった。そして、一九八五（昭和六十）年の通信自由化と日本電信電話公社の民営化をきっかけに、新電電（電信電話）、通信衛星（Communications Satellite＝CS）、ケーブルテレビ（Cable Television ＝CATV）などの新しい市場が出現する。

総合商社各社は新電電分野で、新しく認可を受けた第二電電など地上系3社や携帯電話・PHS各社に対し、比率は高くないが軒並《のきな》み出資を行なった。また、それまでKDDが独占していた国際電話市場には、日本国際通信（International Telecommunication Japan＝ITJ）や国際デジタル通信（International Digital Communication ＝IDC）が参入したが、これらの出資に主導的な役割をはたした。さらに、CS分野、CATV分野でも、商社は先行投資で激しい競争を行なった。

その後、バブル崩壊で、市場が当初の目論見《もくろみ》ほど拡大しなかったこともあり、これら情報通信関連新企業は合併を繰り返し、淘汰、集約された。その集約の過程で、総合商社は売却益を得ているケースも多いが、現在からみれば、この分野で収益の柱に成長したのは住友商事のCATV事業だけだろう。

しかし、これらの取り組みは、総合商社がトレードとつながりの薄い事業投資へ乗り出したという意味で画期的《かっき》である。住友商事は一九八八（昭和六十三）年に「総合事業会社構想」を打ち出しているが、各社とも事業投資に軸を置く方向性を強く意識していたのはまちがいない。

第4は、資金運用を新たな収益源とする動きである。金融自由化とバブル経済を背景に行なわれた、いわゆる「財テク」である。

この時期、日本の多くの企業が資本市場や銀行からの資金調達を増やし、それを大口定期預金、特定金銭信託（特金《とっきん》）、ファンドトラスト（ファントラ）などで運用した。総合商社の場合、その高い信用力を武器にワラント債、転換社債、CP（コマーシャル・ペーパー）などの発行により、内外で有利に資金調達を進め、特金、ファントラはもちろん、株式、為替ディーリングなどで利益を得た。

第5は、地価上昇下での、都市・地域開発、不動産ビジネスの展開である。

一九八七（昭和六十二）年の四全総《よんぜんそう》（第四次全国総合開発計画）の策定とリゾート法（総合保養地域整備法）の成立により、首都圏臨海部の大規模開発プロジェクトやゴルフ場、レジャー施設の開発が行なわれた。総合商社のなかには、こうした案件にかかわるものもあり、不動産投資も行なわれた。

バブル崩壊と「商社不要論」

一九九〇（平成二）年一月四日に、株価の下落がはじまり、翌年半ばから地価が下がりはじめ、バブルは崩壊した。一九九二（平成四）年になると、政府は景気後退宣言を行ない、日本経済は「失われた10年」とも「失われた20年」とも呼ばれる停滞期に入った（事業投資模索期）。

総合商社の利益は、一九九〇（平成二）年に売上総利益、営業利益、経常利益、純利益の4項目で過去最高益だったが、一九九一（平成三）年には15年ぶりに4項目すべてが前期比減となった（9社計）。とりわけ、特金やファントラの損失や不動産投資の含み損が拡大した。また、経営危機に瀕《ひん》した関係会社が出現した。

総合商社各社では、不良資産の償却と関係会社の整理による財務体質の強化が大きな経営課題となった。

一九九〇年代半ば以降、またもや商社に対する悲観論が台頭《たいとう》する。「商社崩壊」が経済誌などで繰り返し特集された。商社にとって、未曾有《みぞう》の経営危機と言ってよい。この時の悲観論には、ＩＴ革命で仲介業者としての商社機能が不要になる、といった「商社不要論」もあった。

総合商社の業務はすでにトレードだけでなく、内外の投資へと大きく広がっており、その投資事業の失敗などが経営の重石《おもし》になっていた。この時期の悲観論は、もはや仲介業者ではなくなった総合商社が、新たなビジネスモデルを安定的に確保できないことへの不安や焦燥が中心になっていたのである。

この時期に総合商社は、三つの課題を克服しなければならなかった。①事業運営・事業投資から収益を得るビジネスモデルの本格的な模索、②バブル崩壊前から認識されていた売上高重視から収益重視への転換、③不良資産の償却、である。

その進展と結果は、第1章でみたとおりだが、選択と集中、リスク管理やガバナンスの刷新が進み、現在の総合事業運営・事業投資会社に向けて、大きく舵《かじ》が切られた。

模索と飛躍への助走

この時期の業務展開で特筆すべき点を四つ挙げると、いずれも投資に関連している。そして、配当（投資収益）自体を目的とした投資が次第に増加している。

第1に、事業投資を軸とした、海外事業のグローバルな展開である。

いわゆる経済のグローバル化、世界経済の市場化とも言うべき動きがその背景にある。その発端は、東西冷戦の終結にともなうロシア・東欧諸国の世界市場への参入と、急速に経済成長した中国など東・東南アジア諸国の市場としてのプレゼンスの拡大である。各国のIPP（独立系発電事業者）や、空港・道路建設、水道事業などの民活インフラ整備、工業団地の開発・販売などが挙げられる。

第2は、資源エネルギーへの投資の継続と、大型投資の増加である。

ただし、この局面では鉄鋼資源ではなく、エネルギー関連である。まだ資源価格の上昇がはじまらない一九九〇年代に、天然ガス（サハリン1、サハリン2、カタール、オマーン）、原油（中国、ベトナム）のプロジェクトがはじまっている。これは、二〇〇〇年代以降に未曾有の好業績の大きな要因となったが、その後、東・東南アジア、ロシア・東欧の成長による資源の需給逼迫で、価格が上昇したことも重要な背景となった。

第3は、海外大企業との取引関係の強化である。

この動きは一九八〇年代後半に端を発しており、一九九〇年代に入ってから、伊藤忠商事が東芝と組んでアメリカのタイム・ワーナーと資本・提携関係を結んだり、三井物産がGE、マクドネル・ダグラス、インランド・スチールなどアメリカ有力企業と提携したり、三菱商事が三菱グループとドイツのダイムラー・ベンツ・グループとの包括的提携を主導したりした。

その延長線上に大型M&Aがあり、一九九〇年代初頭に三菱商事によるアメリカのアリステック・ケミカル買収、三井物産と日本曹達《ソーダ》によるモンサント買収などが行なわれた。

第4は、国内小売事業への投資である。これは、総合商社による「川下」ビジネスの展開として、注目を浴びた。

平成不況により、大手総合スーパーが経営困難に直面、子会社のコンビニエンスストアの株式を手放した際に、総合商社がそれを取得する形で、コンビニ業界に進出した。その後、丸紅はダイエーの再建にあたり、住友商事は一時《いちじ》、西友に資本参加し、三井物産はイトーヨーカ堂に、三菱商事がイオンに出資する、というように、総合商社の小売事業への投資が進んだ。これに関連して、総合商社はその子会社である食品卸業を中核に、関係会社や地方の中堅食品問屋の経営統合を進め、中間流通から小売までをその影響下に置いた。

これらの動きには、依然、トレードのための投資つまり商権確保の色彩が強いものもあるが、事業運営・事業投資に舵を切るための投資が増加しているのは明らかである。

再編成と7大総合商社体制

以上のように、総合商社各社は一九九〇年代後半から世紀の変わり目にかけて、三つの課題に取り組んだが、バブルの後遺症としての不良資産の償却を自力で行なうことができない社が淘汰され、業界は合併・再編へと向かった。

その背景には、本来ならば企業を支援すべき立場にある銀行が、大量の不良債権を抱え、破綻や合併、政府からの資本注入による救済によって、再編を余儀なくされた状況があった。実際、バブル崩壊前には21行あった都市銀行、長期信用銀行、信託銀行は、二〇一一（平成二十三）年時点で3大メガバンクを含む5グループにまで集約されている。銀行の集約が企業集団を超えた動きであったこともあり、旧来の6大企業集団の結束も、グループごとにバラつきがあるものの、全体として弱まっていった。

総合商社の再編の過程は、まず、一九九九（平成十一）年に兼松が三菱銀行の管理下で経営を縮小、総合商社の看板を下ろしたことにはじまる。銀行支援と引き換えに、鉄鋼、建設、繊維の不採算部門から撤退し、半導体、情報通信、食品の得意分野に特化。事業規模は3分の1に縮小した。

次に、トーメンが二〇〇〇（平成十二）年、東海銀行に債権放棄を要請、不採算事業の縮小を行なうと同時に、豊田通商と資本業務提携を行なった。豊田通商は、トーメンの筆頭株主となったが、二〇〇六（平成十八）年に同社を吸収合併した。

さらに、日商岩井は二〇〇一（平成十三）年に事業領域の絞り込み、負債圧縮、人員削減などを行なった。そして、同様な事業の絞り込みを行なっていたニチメンと、二〇〇三（平成十五）年に共同持株会社を設立して経営統合し、二〇〇四（平成十六）年には合併して双日となった。

こうして、図表15にみるように、かつての10大総合商社体制は（一九七七年に安宅産業が伊藤忠商事に合併されて9社となっていたが）、三菱商事、三井物産、住友商事、伊藤忠商事、丸紅、双日、豊田通商の7社に再編された。

これら生き残った総合商社の業績は二〇〇〇（平成十二）年前後から好転、二〇〇三（平成十五）年頃から急拡大した。それは三つの課題への対抗が功《こう》を奏《そう》したからである。

すなわち、①事業運営・事業投資を軸

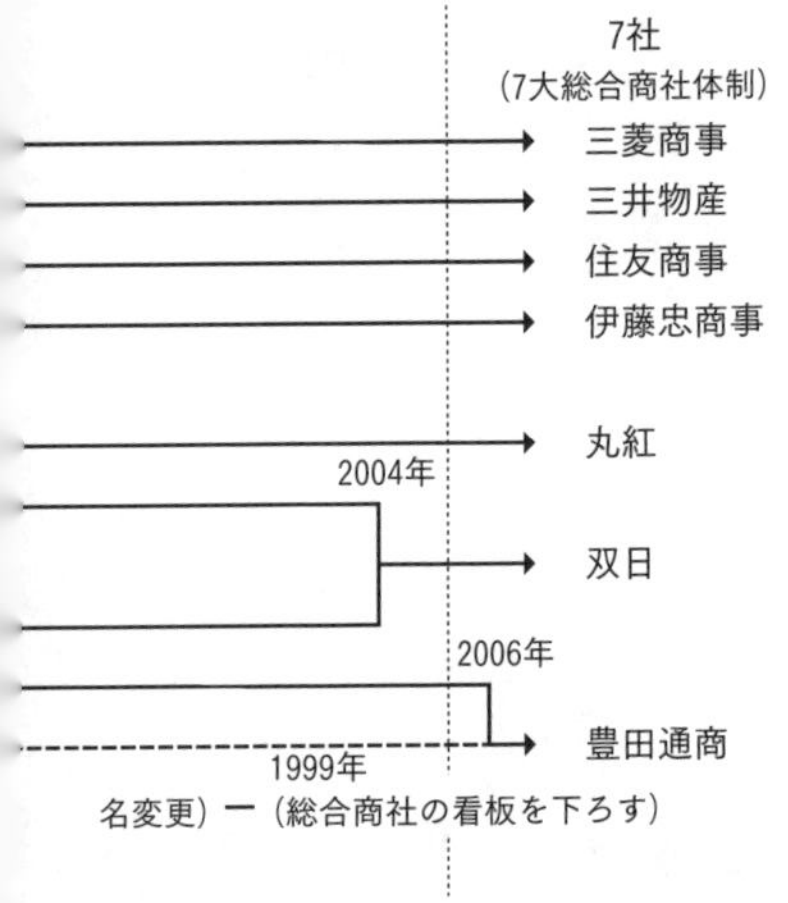

（各社資料より作成）

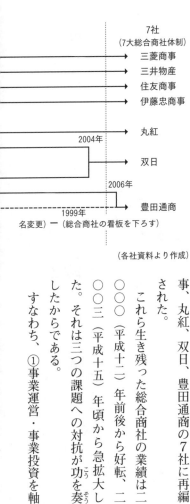

図表15 総合商社の再編

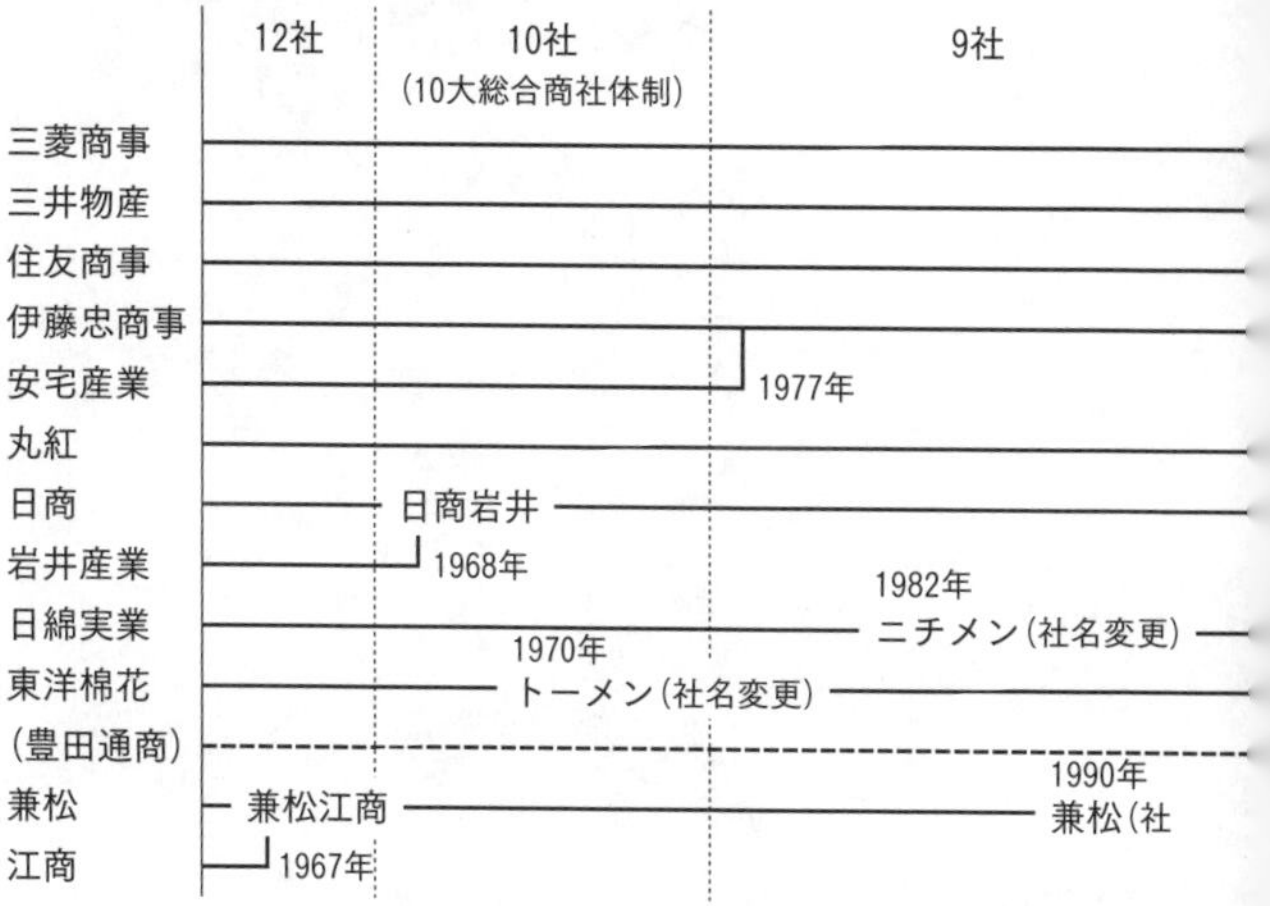

に置くビジネスの構造が軌道に乗り、②それを支える収益重視の体質への転換が、各社ごとの高収益部門への集中と、リスク管理やガバナンス改革を通して定着し、③不良資産の償却が完了して足を引っ張る要素がなくなった。

さらに、④資源価格の上昇で、資源・エネルギー関連の収益が急増したことも、重要なファクターである。

だが、二〇一四（平成二十六）年からの資源価格の下落は、総合商社業界の逆風となった。この点を含む、総合商社の将来については第5章で検討する。

第4章

総合商社の特殊性

世界での位置づけ

総合商社は日本にだけ存在し、特殊である——この見方は経済界だけでなく、世間に広く知れ渡っている。この場合、総合商社とは、戦後成立した「原型」としての総合商社を指す場合も、それが進化して総合事業運営・事業投資会社になりつつある現在の総合商社を意味する場合も、さらに戦前の三井物産や三菱商事が念頭に置かれている場合もある。いずれの場合も、総合商社は世界に例のない、きわめて特殊な企業形態とみられてきた。

だが、本当にそうだろうか。幕末の開港時に活躍したジャーディン・マセソン商会などのイギリスの多国籍商社や、経済発展のなかで注目されてきた韓国や中国の商社とはどう違うのか。また、現在の総合商社は資源メジャー、投資銀行などとの類似性が語られることも多いが、それらとの相違点は何か。本章では、これらの解《かい》を探しながら、日本の総合商社の特殊性を掘り下げていく。

現在、世界に商社とされる大企業はどれくらい存在するのだろうか。「フォーブス・グローバル2000」は、雑誌「フォーブス」が毎年発表する世界の公開会社（Public Company）上位2000社のランキングである。売上高、利益、資産、株式時価総額（企業の市場価値）の四つの指標にもとづいて決められているが、日本の総合商社は、「トレーディングカンパニー（Trading Companies）」というカテゴリーに分類されている。図表16（193ページ）は、この分類だけを抜き出したものである。

二〇一〇年、トレーディングカンパニーとされた企業は2000社中21社だった。そして、日本の総合商社7社が入り、トップ5を三菱商事から丸紅までが独占した。下位には鉄鋼専門商社であるＪＦＥ商事ホールディングス、阪和興業、日鐵商事に加え、すでに総合商社の看板を下ろした兼松が顔をみせている。

二〇一六年になると、日本の総合商社は豊田通商を加えて上位6社までを独占、双日を含めた7社がランクインしていることに変わりない。しかし、資源価格の下落を受けて上位の順位が入れ替わり、鉄鋼系商社は軒並み姿を消した。

興味深いのは、二〇一〇年時点では、日本以外の10社のうち7社がアジアの企業（韓国4社、香港1社、インド1社、中国1社）であり、欧米企業は3社しかない。これが二〇一六年になると、アジア企業は入れ替わりが激しいなか計7社をキープするが、欧米企業が1社に減っている。

このように、トレーディングカンパニーというカテゴリーにおいて、日本の商社とりわけ総合商社は圧倒的な存在感を示している。ちなみに全体では、アメリカ企業は二〇一六年に2000社のうち540社と全体の27％を占め、日本は219社と全体の11％を占めている。

また、トレーディングカンパニーの巨大企業は日本を含むアジアに多いが、欧米には少ないという事実も浮かび上がる。さらに、このカテゴリーに属する企業が減るなか、ますます日本の総合商社のプレゼンスが高まっているとも言える。

韓国に、日本の総合商社に似た企業がいくつかみられることは事実である。また中国が新興工業国として生産と輸出入を伸ばすなか、総合商社的な企業の育成を行なってきたことも知られている。

三星《サムスン》物産、LG商事、SKネットワークスは各財閥に属する企業であり、取扱品目が多様化している（韓火《ハンファ》は韓国火薬からはじまって事業を多角化したもので、トレーディングカンパニーに入っていることに異論もある）。また、インドのアダニは、鉄鋼関連やエネルギーの取り扱いが多いが、総合商社的な展開をしていると言えるかもしれない。

図表16 世界の商社ランキング

2010年

順位	企業名	国籍
1 (123)	三菱商事	日本
2 (165)	三井物産	日本
3 (230)	住友商事	日本
4 (264)	伊藤忠商事	日本
5 (337)	丸紅	日本
6 (708)	韓火《ハンファ》	韓国
7 (759)	豊田通商	日本
8 (808)	利豊《リーアンドフアン》	香港
9 (844)	三星《サムスン》物産	韓国
10 (955)	ウォールスレイ	スイス
11 (976)	レクセル	フランス
12 (1057)	双日	日本
13 (1405)	アダニ	インド
14 (1449)	中国五砿《ミンメタルズ》集団	中国
15 (1495)	暁星《ヒヨースン》	韓国
16 (1647)	ＪＦＥ商事ホールディングス	日本
17 (1668)	ブレンターク	ドイツ
18 (1802)	阪和興業	日本
19 (1903)	日鐵商事	日本
20 (1940)	兼松	日本
21 (1977)	ＬＧ商事	韓国

2016年

順位	企業名	国籍
1 (136)	三菱商事	日本
2 (203)	伊藤忠商事	日本
3 (229)	三井物産	日本
4 (365)	丸紅	日本
5 (645)	住友商事	日本
6 (711)	豊田通商	日本
7 (897)	韓火	韓国
8 (919)	廈門《アモイ》	中国
9 (1236)	双日	日本
10 (1300)	利豊	香港
11 (1664)	浙江《せっこう》省物産集団	中国
12 (1717)	SKネットワークス	韓国
13 (1915)	ＬＧ商事	韓国
14 (1970)	コアマーク	アメリカ
15 (1993)	アダニ	インド

※順位は商社ランキング(総合ランキング)

(「フォーブス・グローバル2000」より作成)

しかし、中国の中国五砿集団《ミンメタルズ》は鉄鋼商社とみてよいし、香港の利豊《リーアンドファン》は最終消費財の扱いに特化しているようだ。

二〇一〇年にリストアップされたヨーロッパの企業（具体的にはスイス、フランス、ドイツの3社）は、いずれも専門商社（それぞれ建設資材、電子部品、化学）とみられるし、二〇一六年に上がってきたアメリカ企業は、幅広い消費財をアメリカ、カナダ国内に供給する大規模卸売業のようだ。

まとめると、総合商社的な展開をしている企業は欧米には見当たらず、ランクインしているアジア企業にも韓国商社を除くと総合商社と呼べるものは少なく、その数は減りこそすれ増加する状況にはない、と言えるだろう。

なぜ欧米の商社は総合商社化しなかったのか

なぜ、先進諸国の商社は総合化しなかったのだろうか。あるいは、日本の総合商社に比《ひ》肩《けん》する大きな経営体として残らなかったのだろうか。ここでは、ドイツとアメリカの例をみてみよう（イギリスの例は後述）。

日本同様、イギリスに後《おく》れて資本主義化したドイツでは、十九世紀半ばまで、工業製品の輸出は商社によって行なわれる「間接輸出」が一般的であった。しかし、次第に製造企業が自ら輸出する「直接輸出」が増大し、一九一三年には2分の1、一九三五年には3分の2を超えたと推定されている（Feldenkirchen 1987）。これは、第2章でみたヒルファーディングの指摘と合致する。

ドイツにおいて、輸出の担い手が商社から製造業に代わったのは工業化の進展にともない、輸出商品が資本財にシフトしていったからだ。

資本財の場合、ユーザーへの技術的指導や相談、修理・メンテナンスのサービスが必要であり、製造企業が自ら輸出しなければならないケースが多い。また、資本財の製造企業は規模が大きく資金力に恵まれており、自らマーケティング組織を作る余裕もあった。ドイツの場合、輸出市場が自国と商慣行の似た欧米が主だったことも、それを容易にした。

とはいえ、ドイツの工業製品のすべてが製造企業によって直接に輸出されているわけではない。玩具、宝石、一部の鉄鋼製品、繊維とアパレル、皮革など非差別化製品（いわゆるコモディティ）は商社によって輸出されている。また、電機、化学、機械、鉄鋼などの資本財も、ヨーロッパとアメリカ以外の市場（アジア、アフリカ、中南米）に対しては、商社による間接輸出が多くみられる。

つまり、商品の生産者が小規模で直接輸出部門を抱えるだけの資金力を持たない場合や、商慣行も異なり、言語の障壁も高い途上国などへの輸出の場合には、商社がその専門能力を発揮するということだろう。

では、戦前の日本の輸出品目はどうであったか。生糸、絹織物、綿糸、綿織物に加え、茶、銅、陶磁器など、低技術製品あるいは非差別化製品が主体だった。鉄鋼、機械などは次第に比率を高めるにしても、一九三五〜一九三九年においてさえも両者合計で11・6％にすぎない。また、極東の途上国・日本にとって、欧米への輸出は商慣行が著しく異なり、この両面で商社が輸出を担う余地はおおいにあったことになる。

戦前のドイツ商社が直面した状況は、日本の商社が一九六〇年代以降に直面した状況と共通のものとも言える。戦後の日本で、「商社斜陽論」「商社冬の時代」が浮上したのは、戦前のドイツと同様の環境変化を受けたものであり、総合商社の行方を考えるうえで示唆的である。

アメリカは、伝統的に商社活動が低調な国である。そもそも、工業化がはじまった一八一五年以降の経済成長の過程において、輸出を中心とする貿易の役割が、日本やイギリスに比べて格段に小さかった。

植民地時代の十八世紀後半から十九世紀初頭までは、多くの品目を扱う小規模な「ジェネラル・マーチャント」が貿易を行なったという。工業化がはじまると、製造業は巨大な国内市場に向けてまずマーケティングを行ない、成功を収めたものを外国市場に持っていくという戦略を取った。したがって、工業化以降の輸出は、独立の専門商社か、製造業自身の輸出部門が行なうようになった（Porter 1987）。

アメリカで総合商社が発展しなかった理由として、アメリカにおける個人主義の伝統、経済における政府の役割の小ささ、反独占の風土などが挙げられることもある。

政府の役割という点では、たとえば戦前の日本のように、外国商館の支配を免《まぬか》れるために、政府が直貿易を行なうことのできる商社を育成する必要がアメリカにはなかった。しかも、輸出の中心は農産物と資源関連品であった。ＧＤＰに占める輸出の割合も７％を超えることはなく、第二次大戦直後は４～５％であった。

しかし、アメリカも一九六〇年代以降、海外市場への依存度が高まり、輸出を成長戦略上重要視するようになっている。とりわけ、経常収支の大幅な赤字が続くなか、一九八〇年代に激化した日米貿易摩擦を経て、アメリカの輸入抑制、輸出促進は重要な国策となった。この間、一九八〇年代前半に、輸出商社育成策が取られたが成功しなかった。近年では、オバマ政権が二〇〇八年の世界金融危機後にドル安政策を取り、輸出振興を景気回復の梃子《てこ》とした。

アメリカの商社育成

一九八〇年代のアメリカの輸出商社育成策とその失敗は、日本の総合商社が独自の経営体であったことを示す一つのエピソードでもある。当時、日本の総合商社が注目を浴びていたことを示す出来事としても注目されるので、やや詳しくみておこう。

一九八〇年代のアメリカは、いわゆる「双子《ふたご》の赤字」に悩んでいた。一つは貿易赤字を中心とする経常収支の赤字であり、もう一つは財政収支の赤字である。経常収支赤字が続いたために、アメリカは一九八六年に対外純債務国に転じている。この間、日米貿易摩擦が激化、経常収支の赤字を是正するため、一九八五年に先進5カ国（G5）で、プラザ合意によるドル高是正と国際マクロ政策協調（日本と西ドイツの内需拡大）が行なわれた。

それに先立《さきだ》ち、もう一つの経常赤字の是正策が打ち出された。一九八二年十月、レーガン大統領が署名、成立した輸出商社法（Export Trading Company Act of 1982）である。同法には、特に中小企業の製品とサービスの輸出を拡大させるため、規制緩和により輸出商社の設立を促進することが記されている（宮崎一九九〇）。

規制緩和の内容は、銀行の輸出商社への出資限度などを緩和する資金面の措置と、輸出取引に関し独占禁止法（反トラスト法）の適用除外を可能とする措置である。

法律の成立と前後して、大手小売業であるシアーズ・ローバックと大手電機メーカーのGEが、それぞれ輸出商社を設立した。翌年になると、セキュリティ・パシフィック、バンク・オブ・アメリカなど大手銀行が、輸出商社を設立した。さらに、州における商工会議所や地元ビジネス団体が、海外の建設工事プロジェクトなどのために輸出商社を作った結果、一九八四年五月時点で45社の輸出商社設立が確認されている。

しかし、こうして成立した輸出商社は業績を伸ばすことができず、中小企業の輸出が促進されたという評価も聞かれない。少なくとも、現在まで、日本の総合商社に匹敵する企業が育たなかったのは、「フォーブス・グローバル2000」をみても明らかである。

その理由としては、同法の究極の目的が輸出促進であり、取扱品目が多様化した「総合商社」の設立が直接に目指されていなかったこと、設立された商社に対する優遇措置が（後述の韓国のようには）なかったこと、などが挙げられる。

市場の機能を重んじる先進国として、法律面からの支援はこれが限界であったのだろうが、アメリカ政府が日本の総合商社を念頭に、類似の貿易企業の設立・成長を後押ししようとしたことはまちがいない。それに、民間企業も呼応したが、それでも総合商社が育たなかった理由として、次の点も挙げられている。

第1に、そもそも、アメリカには商社創設の必要がなかった。

輸出面では、在米の外国商社、たとえば日本の総合商社にかなりの程度依存していた。すでに一九八〇年代に、日本の総合商社はアメリカの輸出の1割近くを担っていたと言われる（井上一九八二）。いっぽう、輸入面では、すでに穀物メジャーや資源メジャーが存在し、多国籍的な活動を行なっていた。

第2に、人材の問題である。

設立された輸出商社が業績を上げることができなかったのは、国際的な貿易のネットワークの形成は人的《じんてき》要素によるところが大きく、一朝一夕《いっちょういっせき》に築くことはできなかったとの指摘がある（「ウォール・ストリート・ジャーナル」一九八四年五月二十四日付け）。

これは、同法を作る際の公聴会でも指摘されていたポイントのようである。設立された輸出商社のなかには、途上国向け輸出の見返りに要求されるカウンタートレードに応じたり、第三国間貿易を志したものもあったが、これらは取引地域と取扱品目の多様化を達成していない限り、簡単にできるものではなかった。

総合商社育成に成功した韓国

いっぽう、総合商社の育成に成功したとみられるのが韓国である。

一九七〇年代半ばから一九八〇年代半ばにかけて、途上国を中心に、商社を育成しようという試みが活発化していた。これらの国々もまた、日本の総合商社の活躍を目の当《ま》たりにし、その経験から何らかの示唆を得ようとしていた。その頃まで前例がなかった日本の高度成長は貿易の拡大によるところが大きく、総合商社がそれに大きく貢献したとみられたからである。

具体的には、日本の総合商社が資源調達システムの構築を中核に、さまざまな産業をオーガナイズして、資材やプラント輸出を行なっている姿があったからと言えるだろう。

韓国は一九七五年に育成策を開始、次《つ》いで台湾、フィリピン、タイ、マレーシア、南米のベネズエラでもはじまった。また、一九八三年時点では、ブラジル、メキシコでも商社設立を検討中と述べていた（井上一九八三）。

韓国政府は、輸出振興策の一環として「総合貿易商社指定制度」を導入。大手財閥グループのなかには、すでに指定の要件を満たす商社をその中核に擁しているものもあったが、そうでない財閥は、輸出窓口機能を最優先した商社の設立を急いだ。また、非財閥系の企業も、傘下の商社を要件を満たすべく育成した。

こうして、一九七五年に三星《サムスン》物産、大宇《デウ》実業、双龍《サンヨン》産業、国際《ククジェ》商事、韓一《ハニル》合繊の5社が、一九七六年に高麗《コリア》貿易、暁星《ヒョースン》物産、ラッキー金星《グムソン》（LG）商事、鮮京《ソンギョン》（SK）、錦《クム》湖《ホ》、三和《サンワ》の6社が、さらに一九七八年に現代《ヒュンダイ》総合商事、栗山《ユルサン》実業の2社が、総合貿易商社に指定された（ノ・ソンホ一九九八）。この結果、合計13社が、制度発足時点において総合貿易商社であった。

総合貿易商社に指定されると、さまざまな優遇措置が受けられるというのが、この制度の趣旨である。一九七七年時点での指定の基準は、①資本金が20億ウォン以上、②輸出金額が１・５億ドル以上、③１００万ドル以上の輸出先が20カ国以上、④海外支店数が20店以上、⑤株式公開が必要、などとなっていた（小浜一九八一）。

③④は、輸出先の多様化としての総合化をはっきり打ち出している。指定基準が厳しいものであったために、いくつかの総合商社はその後に指定を取り消され、先の13社のうち５社が一九八七年までに脱落した。

このような難しい条件をクリアして指定された総合貿易商社には、国際入札や輸出金融を政府が援助し、海外支店での外貨保有制限が緩和され、輸入代行業に対する営業税が免除される、などの優遇措置が与えられた。

こうして、韓国の総合商社は、重化学工業化の波に乗った大手財閥の輸出を担ったことや、優遇策が貿易金融面で効果を発揮したことなどから、設立後の約10年間で急成長を遂げた。

その特徴は、第1に、多くが財閥グループの商事部門として、輸出機能を中心に発展した。ただし、多くの韓国財閥はメーカーが中核であり、商社は財閥メーカーの輸出窓口的な存在にとどまることが多かった。したがって、取扱製品の財閥内企業への依存度が高い点で広がりに欠け、日本の総合商社が6大企業集団で担ったオーガナイザー的役割をはたしたケースは少ないようだ。

第2に、事業投資も行なった。三星物産、大宇実業、鮮京（SK）などは、繊維生産工場を有し、メーカー機能も持った。この点は、日本の総合商社に似ているが、この点での分野の広がりは限定されているようだ。

第3に、輸入においては大きな役割をはたしていない。一九八六年時点で韓国の輸出額に占める上位9商社の取扱額シェアは42・9％（ピークは一九八三年の51・1％）だが、輸入額シェアは14・3％にすぎない。この点は、日本の総合商社との大きな違いである。また、三国間取引、技術導入などにおいても実績は少なく、その後の課題とされていた。

その後、一九九七年のアジア通貨危機で多くの財閥が打撃を受けると、グループ内企業の輸出代行業務の縮小などによって、総合商社の活動も鈍化した。輸出に占める総合商社のシェアは、二〇〇七年時点で10％を下回る水準まで低下したと報じられている。

二〇〇八年に対外貿易法と総合貿易商社指定制度が約30年ぶりに改定され、それまで残っていた7社（三星物産、現代総合商事、LG商事、大宇インターナショナル、SKネットワークス、双龍産業、暁星）に加え、新たにロッテ商事、韓火、大林《デーリム》コーポレーション、コーロンアイネット、OCI商事の5社が指定された。

しかし、翌年に総合貿易商社指定制度は廃止。この時点で、もはや総合商社を育成するという政府の役割は終わり、また時代にそぐわなくなったのかもしれない。

むろん、総合商社自体が消滅したわけではなく、「フォーブス・グローバル2000」二〇一〇年には4社が、二〇一六年に3社がランクされているのは、先にみたとおりだ。

総合商社を必要としなかった中国

その他の途上国における商社、ないし総合商社育成の試みは、アジア通貨危機で打撃を受けたものが多かったようだ。少なくとも、その結果生まれた企業の規模は日本はおろか、韓国の商社にもおよばない。

中国では一九九〇年代に改革開放路線が加速されるなか、総合商社育成の動きがみられた。一九九一年に55の大型企業集団（国営企業）が結成されると、一九九四年に中央政府が中国中化《ちゅうか》集団公司を「総合商社のモデル企業」として認可した。そして、同グループを、貿易を主な業務とし、生産・技術・金融・情報などの機能を備えた総合貿易会社に育成することが目的とされた。

また、一九九六年には上海の貿易専門商社5社が、東方国際《とうほうこくさい》集団有限公司（一九九四年設立）傘下に入り「中国式の大型総合商社」に発展することが目指された（小西・徐二〇〇六）。

その後の中国の経済発展は目覚《めざ》ましく、当時から20年経《た》った現在、実質GDPは約6倍に膨らんでいる。そして、二〇一六年には「フォーブス・グローバル2000」の上位3社を中国企業が独占するまでに至った（中国工商銀行、中国建設銀行、中国農業銀行）。

しかし、日本のような総合商社が育っていないのは図表16（193ページ）でみたとおりである。このことは、中国経済の成長に総合商社が必要でなかったからだ、とも言える。これは、日本の総合商社が高度成長に大きな役割をはたしたのとは対照的である。

前述のように、総合的な展開を目指した韓国の商社は輸出促進という目的ははたすことができたものの、輸入や広範な産業とのつながりに欠ける点で、日本の総合商社の「原型」とはかなり異なる。また、アジア諸国の総合商社ブームも下火《したび》になり、政策の後押しを得て設立された韓国、中国の商社もけっしてプレゼンスは高まっていない。

日本の総合商社は、「原型」から「総合事業運営・事業投資会社」に転換を遂げつつあるが、この動きに追随する企業は、アジアにも欧米にも見当たらない。日本の総合商社は、いよいよ独自のビジネスモデルを構築しようとしているのである。

投資家の低評価に悩む、日本の総合商社

こうした各国の動きのなか、日本の総合商社は、「総合事業運営・事業投資会社」のビジネスモデルを投資家にどのように説明するかが大きな課題となった。一つには、総合商社という業態が日本に独自であり、そのうえ、それが構造変化を遂げつつあるという難しい位置にあったからだ。

さらに、一九九〇年代以降、企業間の株式相互持ち合いの解消が進み、株式の所有構造が変化して、コーポレートガバナンスや企業会計も変わりつつあった。公開企業が資本市場で資金調達を行なうために、事業内容を投資家へ説明すること（インベスターズ・リレーションズ＝IR）の重要性が、飛躍的に高まったのだ。

外国人投資家や「物言《もの》う」機関投資家の株式保有が増加するなか、とりわけ欧米の投資家を納得させることが必要になった。企業買収の脅威にさらされることにより、株主の要求によって事業の方向性が左右されることも稀《まれ》ではなくなった。

そのうえ、事業を多角化させた経営体（コングロマリット）は、一時期、リスク分散の観点などからポジティブな評価を受けたが、次第に市場の選別が厳しくなると、逆に低い評価を受けるようになってきた。これは、「コングロマリットディスカウント」と呼ばれ、多角化した事業体の企業価値の評価が、それを構成する個々の事業の価値の合算に比べ割安になる現象である。その論理は必ずしも明確ではないが、事業間にはっきりしたシナジー効果がない場合、経営資源が分散して経営効率が落ちるから、ということのようだ。

こうしたコングロマリット不信の広がりは、企業の事業部門の売却やM&Aが増加、それによる事業再編が一般化するのと時を同じくしていた。機関投資家が総合商社に向ける眼は、「リスク分散ならば、われわれ投資家が株式のポートフォリオ（資産構成）を多様化させることで行なう。貴社は、それよりも収益率の高い分野に事業を絞り込み、高収益を上げるべきだ。そうすれば、われわれは貴社に投資しよう」となる。

総合商社は、これに対し十分な説明を行なうことに苦労してきた。むろん、すでにみたバリューチェーン戦略や投資のリサイクルが、当面これに対する回答である。これを資本市場が納得してくれれば、総合商社は生き残ることができる。

だが、資本市場の厳しい眼にさらされた結果、退出を余儀なくされたのが、一九八〇年代のイギリスの多国籍商社だった。

イギリスの多国籍商社の隆盛

過去に、イギリスにも日本の総合商社に類似した企業体が存在した。イギリスは、十八世紀後半から十九世紀にかけて、産業革命を世界で最初に成し遂げた国である。それに前後して、イギリス本国と中国、インド、アメリカ南部の間、そして、それら第三国間で貿易が活発化した。そこに、世界規模で貿易を行なう商社が発生する。

イギリスにおける商社の歴史を、ごく簡単にたどってみることにしよう（以下、ジョーンズ二〇〇九）。

十六世紀から十八世紀にかけて、東インド会社、ハドソン・ベイ会社など、政府から独占販売権を与えられた特権的商社が、世界の貿易を行なった。しかし、地方商人などから、特権的商社による貿易の独占は自由な経済活動を阻害する、といった批判が高まり、次第に独占権は剝奪《はくだつ》されていく。

十九世紀半ばには、特権的商社はほとんど姿を消し、代わって一八七〇年頃までに多国籍商社が出そろう。そのなかには、グラスゴー出自のジャーディン・マセソン商会やデント商会など、幕末開港時の日本になじみの深い名前もみられる。

これらは、イギリス出自でありながら、植民地のなかの特定国に本拠地を置き、その国内部の取引や三国間取引を主たる業務とした。生産者や顧客への貸付や外国為替業務などの金融機能を持ち、多くが保険や海運業の代理店としても営業するいっぽう、海運業にも投資を行なったという。

さらに、ラテンアメリカや南・東南アジアで、製粉工場や茶・コーヒー農場、チーク材製材所などに投資し、経営にもかかわった。このような点をみると、日本の総合商社同様、イギリスの多国籍商社も、事業運営・事業投資に携わっていたことがわかる。

第一次大戦がはじまる一九一四年頃までは、イギリスの商社は成長を続けた。しかし、大戦でイギリス経済が打撃を受け、戦間期（第一次大戦と第二次大戦の間の時期）に大英帝国の版図《はんと》拡大が止まり、資本輸出国としての地位を失うと、次第に弱体化していった。日本の商社が戦後恐慌とその後の不況に打撃を受けながらも立ち直ったのとは反対に、この時期にジャーディン・マセソン商会ら多くの多国籍商社が活動を縮小している。

第二次大戦では、同社やスワイアーが在中国資産を日本に接収され、苦境に陥ったが、終戦時の一九四五年時点でも、多国籍商社は中国沿岸、東南アジア、西アフリカ、チリ、ペルーなど、世界各地で巨大企業として活躍していた。

イギリスの多国籍商社の消滅

戦後、一九六〇年代前後に企業の株式公開が進み、イギリス経済のしくみ自体が大きく変化する。実は、イギリスの多国籍商社は当時まで、その多くが事業組合形態であり、有限責任の形式を取ったものでも非公開会社が多く、事業組合経営や同族経営から脱することに消極的だった。

その形態も株式上場によって公開企業に変化、他業態をも交《まじ》えた買収・合併が行なわれるようになり、淘汰・再編が進む。

とはいえ、一九七〇年代末までは、まだ巨大な多国籍企業として何社かが残っていた。この時点における大規模商社、たとえばインチケープグループやハリソンズ&クロスフィールドなどは、「総合商社（General Trading Company）」とされることも多い。

ところが、一九八〇年代に入ると、イギリスでも株式所有構造が、それまでの個人投資家中心から機関投資家中心へと大きく変化していく。これは、一九七九年に国際資本取引が完全に自由化されたことの影響が大きく、こうした動きは日本だけのものではなかった。その震源地はアメリカであり、そのアメリカで一九七〇年代から機関投資家による公開株式の保有比率が傾向的に増加しはじめ、一九八〇年代半ばに50%を超えるという大きな変化があった（Gordon 2007）。

その影響で、イギリスの多国籍商社は完全に姿を消すか、専門商社化するか、あるいは貿易から撤退して製造業・非製造業へと転化していった。

そして、機関投資家は、株式を多くの企業に自ら分散投資した。その際、将来性のある「中核」事業に集中している企業で、より効率的に監視できる企業を投資先に選んだので、多様な事業を有する複合企業体は好まれなかった。こうした投資家の選好が、イギリスの多国籍商社を「中核」事業に集中させる圧力となったわけだ。

イギリスの主要商社21社のデータをみると、一九六〇年代以降に姿を消しはじめ、一九九八年まで残っていたのは、わずか5社だけである（ジョーンズ二〇〇九）。そのなかには、特定の商品取引ではなく、製造業に特化するものすらある。少なくとも、現在、日本の総合商社に比肩する企業体はほぼ消え去ったと言ってよいであろう。

ちなみに、5社のうちジャーディン・マセソン商会は、依然「フォーブス・グローバル2000」二〇一六年の119位にランクされる巨大企業だが、そこでは香港国籍の「コングロマリット（Conglomerates）」に分類されており、日本の総合商社とは異なる扱いである。主な事業内容は、自動車のディーラー、不動産投資、商業施設・住宅開発、ホテル経営など。

インチケープグループは同1907位に入っているが、イギリス国籍の「専門販売業（Specialty Stores）」の位置づけとなっている。同グループは戦後、一九五八年に上場して公開会社となり、業界再編のなかにあっても、競合するイギリス商社を買収して業容を拡大し、地域・品目に多様化した多国籍商社として活動していた。

しかし、一九九〇年代に業績が悪化、一九九九年にリストラを行なった結果、自動車専門商社に衣替《ころもが》えし、自動車金融、保険なども手がけている。資本市場の圧力により、「中核」事業への集中をせまられた結果であるとみてよいであろう。

日本の総合商社は消滅するか

このような資本市場の圧力のなか、日本の総合商社も消滅するのではないか、また消滅しないとすればなぜか、という疑問が生じる。

日本の総合商社と、インチケープグループの違いとしては、次の点が指摘されている（吉原一九八七）。

第1に、戦前の三井物産や三菱商事は、近代的な経営管理システムをある程度まで発展させていたのに対し、インチケープグループ（などイギリスの多国籍商社）はそうではなかったという点だ。

日本の商社は戦前から相当数の学卒社員を擁し、彼らが貿易のエキスパートとなり、また各層のマネジメントを行なった。

これに対し、インチケープグループは、独立の商社のゆるやかな連合体であり、グループの中枢管理部門はごく小規模で、グループを構成する個々の商社はいずれもファミリー企業であった。近代的な経営管理システムの発達はみられず、戦前には同グループに学卒社員はゼロであったかそれに近い、と推測されている。

ただし、これは戦前の話であり、戦後同グループが公開企業となってからは、さすがに近代的な企業経営システムが確立したはずだ。しかし、イギリス商社の戦前からのあり方が、戦後の急激な環境変化への対応を難しくした、と言うことはできるかもしれない。

第2に、日本の総合商社が戦前、戦後いずれも国内企業との取引関係を基盤に発展したのに対し、インチケープグループは、自国の企業との取引をベースに置かずに発展を遂げた点である。

インチケープグループは、初期の頃はイギリス製造業の製品を売り、原料確保も行なったが、その後まったく行なわなくなったという。日本の商社も三国間貿易を行なうが、同グループではむしろそれが本業であった。これは、同グループだけでなく、イギリスの多くの多国籍商社も同様である。

このように、日本の総合商社が戦後今日《こんにち》まで消滅しない原因としては、右のように国内産業・企業との深いかかわりがあったことが一つの要因と言えるだろう。

だが、本書で検討してきたことを踏まえれば、戦後成立した総合商社の「原型」が、鉄鋼資源開発などを梃子《てこ》に、投資を手段として強固な商権を確立するものであり、このしくみがある程度存続したことを挙げることができる。そして、その「原型」から、投資を軸にバリューチェーンを築き、製造・非製造の事業収益を獲得するとともに、投資をリサイクルしながらリターンを追求する体制への移行も、うまくいっているからである。

だが、今後も総合商社が生き残ることができるかどうかは、移行後の「総合事業運営・事業投資会社」を、資本市場、すなわち投資家がどうとらえるかに大きく依存する。次に、この点を考えていこう。

総合商社と投資会社の比較

総合商社が、世界的にはきわめてめずらしい業態であるのは、これまでみたところから明らかだ。したがって、資本市場が投資の対象として総合商社をみる場合、どのような業種として位置づけるかが、大きな課題となる。

実際、一九九〇年代以降、総合商社が投資の役割を高めたり、あるいは二〇〇〇年代になって資源・エネルギー部門からの収益が大きくなるにつれ、総合商社は投資会社、あるいは資源メジャー、穀物メジャーなどの一種ととらえるべきではないのか、そうでないのであれば、それらとの違いは何か、という観点が浮上してきた。

では、投資会社の投資と総合商社が行なう事業運営・事業投資との類似点、相違点を考えてみよう。ここでの「投資会社」とは、投資によって何がしかの収益を得る会社を漠然と指すが、現実にはさまざまなタイプがある。

まず、図表17で投資会社を類型分けして、それらと総合商社が行なう投資を比較してみた。比較の切り口としては、①投資先株式の過半数保有か少数保有（50％未満）か、②経営に関与するか否《いな》か、③保有期間は長期か短期か、④配当収入（インカムゲイン）を狙うのか売買差益（キャピタルゲイン）を狙うのか――の四つを立てることができる。

現在の総合商社の「事業運営」においては、株式過半数の所有、経営関与、長期保有、配当収入狙いであるいっぽう、「事業投資」は、株式少数所有で経営関与はしないが、長期保有で配当収入を狙う、というのが典型的な姿である。もちろん、投資のリサイクルにより、株式を売却する場合に売買差益を得る場合もあるが、そもそもそれを狙って事業運営や事業投資をしているのではない点に注意しておきたい。

保有期間	収益手段
長期	配当収入
長期	配当収入
長期	売買差益
長期	売買差益
長期	配当収入
短期	売買差益
長期	売買差益／評価益／配当収入
長期	配当収入
短期／長期	配当収入／売買差益
短期／長期	配当収入／売買差益

ドのすべて』などより作成）

投資ファンドのうち、バイアウトファンドや事業再生ファンドは、投資先企業の株式の過半数を所有のう

図表17　投資における、総合商社と投資会社の違い

			投資先株式の所有割合	経営への関与
総合商社	（事業運営）		過半数	関与
総合商社	（事業投資）		少数	非関与
投資ファンド	プライベート・エクイティ・ファンド	バイアウトファンド、事業再生ファンド	過半数	関与
投資ファンド	プライベート・エクイティ・ファンド	ベンチャーキャピタル	少数	関与
投資ファンド	アクティビストファンド		少数	半関与
投資ファンド	ヘッジファンド		少数	非関与
投資ファンド	投資信託		少数	非関与
機関投資家（年金基金など）			少数	半関与
個人投資家			少数	非関与
投資銀行（最近のビジネスモデル）			少数	非関与

（光定洋介編著・白木信一郎著『[完全版]投資ファン

え、経営権を握って経営を主導し、企業価値を向上させたうえで、数年後に値上がりした株式を売却して売買差益を手にする。総合商社が「事業運営」を行なう場合、株式の売買差益を狙うわけではなく、主として配当収入（会計上は連結決算の営業収益）を狙う点がこれとは異なっている。

　ベンチャーキャピタルは、少数株主だが、揺籃《ようらん》期のベンチャービジネスを資本面で支援して企業価値を高め、株式上場（新規公開）時に売買差益を得ようとするものだが、こちらも、総合商社の「事業運営」と異なる。

アクティビストファンドや機関投資家（年金基金など）は、少数株主ではあるが、株主総会で一定の影響力を行使できる割合の株式を保有し、経営に関与して業績を向上させ、より多くの配当収入を獲得しようとする。いわゆる「物言う」株主として、経営陣に対し提案を行なうが、株式の過半数を保有していないので、かえって提案が受け入れられないのならば株式を売却して退出する、という脅《おど》しも効《き》く。総合商社の「事業運営」とは配当収入を狙う点で一致するが、経営に物を言うが直接経営まではしない点が異なる（半関与）。総合商社の「事業投資」には近い側面がある。

ヘッジファンドは、流動性の高い金融商品全般を投資対象とし、とにかく高利回りを追求する投資主体である。株式もその投資対象だが、当然、少数株主で経営に関与することはなく、短期保有が原則で、売買差益で稼《かせ》ぐ。総合商社の「事業運営」「事業投資」からもっとも遠い存在だ。

投資信託のうち株式投資信託は、ヘッジファンドと同じく経営に関与しないが、保有はより長期的で、収益は売買差益、評価益（実現していない値上がり益）、そして配当収入からも得る。総合商社の「事業運営」とは配当収入を狙う点では似ているが、経営にタッチしないところが大きく異なる。「事業投資」に近いと言うこともできるが、明確に売買差益、評価益を狙っている点が異なる。

総合商社と投資銀行の比較

総合商社は投資銀行に近い、といった議論もよく聞かれるので、この点について触れておこう。

「投資銀行（investment bank）」とは、そもそもは大企業を相手に証券の引き受けを行なう、ホールセール（卸売）型の証券会社に対する、アメリカ固有の呼称であった。これに対し、通常の銀行を「商業銀行（commercial bank）」と呼ぶが、投資銀行は預金を取り扱わないから、本当の意味では「銀行」ではない。

株式や社債など証券の発行をアレンジして手数料を稼ぐと同時に、発行時に証券を引き受けて、売り捌《さば》く時に売買差益を得るのが、投資銀行のオリジナルのビジネスモデルであった。そこでは、手数料商売が中心で、多くの資本を要しないところに、むしろ強みがあったと言ってよい。

しかし、次第にM&Aのアレンジを手がけるなど、業務範囲を拡大させるなか、リーマンショックを頂点とする世界金融危機前のバブルでは、さまざまなしくみを使って資金調達して証券化商品などに投資を行なう形へと、ビジネスモデルが変容していった。まさに投資会社化していたわけだ。変容後の投資銀行の投資特性は、少数株主で経営には関与せず、配当収入を狙う場合も、売買差益を狙う場合もあると言えるだろう。

総合商社と投資銀行の類似性は、その人材に着目して語られることが多い。確かに、その社員には、世界を股にかけて情報を集め、国際的なプロジェクトや合弁、買収案件をアレンジする、といった共通の能力が求められる。しかし、投資の特性としては、総合商社の「事業投資」に一部似た部分があると言うことができるにしても、「事業運営」的な要素は投資銀行にはみられない。

このようにみてくると、総合商社の「事業運営・事業投資」と、投資会社や投資銀行の投資は性格が異なることがわかる。

ただ、総合商社の「事業投資」には、投資信託との類似も認められる。資本市場や格付け会社が一時期、総合商社を投資会社とみなそうとしたのは、これによると思われる（後述）。だが、第1章でみたように、総合商社の場合、商権や事業運営とのかかわりで投資先の選別を行なっている点が、投資信託とまったく異なるのは言うまでもない。

総合商社と資源メジャーの比較

二〇〇〇年代半ばからの総合商社の隆盛は、資源価格の高騰・高止まりによるところが大きい。大手総合商社の利益の7割が資源関連（金属部門、エネルギー部門）であったから、総合商社は資源会社化している、という声が聞かれるようになったのも、無理はない。

株式市場では、資源価格が上がったことから「資源株」が買われ、総合商社の株が、その代替銘柄として注目されることもあった。

もし、総合商社の金属・エネルギー部門を独立させたとしても、それが資源会社になるわけではない。鉄鉱石、石炭の例で言うと、「資源メジャー」と呼ばれるヴァーレ、リオティント、BHPビリトンは鉱山を所有し、資源開発の技術・ノウハウを持っている。

しかし、総合商社はそうではないので、鉱山を開発するにあたっては、これら資源会社や国内の鉄鋼企業などとの共同事業で行なう必要がある。多くの場合、共同プロジェクトを運営する合弁企業にマイノリティー（少数）出資するため、鉱山の所有権ではなく出資の持分という形で「権益」を所有することになる。

三菱商事のオーストラリア石炭事業BMAは、BHPビリトンとの折半出資という、めずらしい例だが、実際のオペレーションは合弁相手に委《ゆだ》ねている。LNG事業の場合も、現地企業や開発技術力・販売力を持つ石油メジャーとの共同プロジェクトになり、「権益」を確保する。

したがって、総合商社は情報開示においても、権益確保先とその持分などにとどまり、資源会社のように埋蔵量については触れないのが通例である（ただし、三井物産は二〇一〇年から持分に見合う埋蔵量の開示をはじめた）。

資源メジャーとのもう一つの違いは、総合商社が資源供給を日本企業向けにほぼ限定している点である（田中彰二〇一二）。

それは、総合商社の資源ビジネスが、買い手である日本企業のエージェントの立場からスタートしたという歴史的な経緯による。最近では、資源の販売先が韓国や中国の企業である例もみられるが、圧倒的多数は日本企業である。

二〇一四年から資源価格は急落、総合商社における金属・エネルギー部門の収益が激減したため、総合商社の資源会社化は取り沙汰《とざた》されなくなったが、以上の点から、それはそもそもあり得ない構造にあったことがわかるだろう。

格付け会社からみた総合商社

とはいえ、投資家からは、総合商社は投資会社とはかなり近い存在と認識されてきた。総合事業運営・事業投資会社化している現在の総合商社が、投資ファンド、機関投資家、投資銀行とどう違うかは、すでにみた。しかし、この違いをとりわけ、海外の株式投資家に説明するのは依然としてやっかいだ。

格付け会社ムーディーズは、二〇一一年八月に総合商社の格付けに際し、「投資会社(Finance Companies)」に対するのと同等の手法を適用することを提案した。総合商社の純利益に占める事業投資の大きさを踏まえると、金融機関並みの流動性、自己資本の充実が必要であり、格付けではそれらを勘案して審査を行なうというものだ。

二〇〇八年のリーマンショックに端を発する世界金融危機後、アメリカでは銀行子会社を持つ大手金融会社が銀行持株会社に転換するなど、ファイナンスカンパニー（金融会社、ノンバンク）と銀行のビジネスモデルの接近・融合が進んだ。

そのため、資金調達総額の20％超が預金であるファイナンスカンパニーについては「銀行」の格付け手法を適用することにすると同時に、その他のファイナンスカンパニーに対しても、銀行に準じてデフォルト率を算定する手法を提案した。この際に、ムーディーズは、日本の商社を多様な業種とアセットクラス（資産の種類）を対象とする投資家とみなし、（預金が調達手段の20％を超えない）ファイナンスカンパニーと同等の基準で信用力を審査し、格付けすべきものとした。

これに対し、総合商社は、投資は基本的に商社ビジネスのコアであるトレーディングとの関連で行なわれており、短期的なリターンに重点を置く「純粋投資」ではないと反論したという（榎本二〇一二）。その結果、ムーディーズは二〇一二年二月にこれを一時的に取り下げ、その後、格付け手法の検討を継続してきた。

二〇一六年七月時点で公表されている同社の格付け手法を示す文書によれば、総合商社はファイナンスカンパニーの項にではなく、「商社（Trading Companies）」の項に入っている。そして、商社をトレードのみを行なう「コモディティ商社（Commodity Trading Companies）」と「総合商社（General Trading Companies）」に分けたうえで、総合商社の信用の特性を「事業会社と金融機関の間に位置するハイブリッド」と述べている。

その収益源を、トレードからの収益、持分法適用関連会社からの配当、連結子会社による製造・販売・金融サービス事業からの収益、の三つと正しく認識したうえで、トレードからの収益と事業運営・事業投資からの収益が切り離せないこと、事業投資はトレードに比べるとハイリターンである半面、流動性が低くリスクが高いことも指摘している。

さらに、格付けに際しては、日本の総合商社に特有の、グループ内企業や取引銀行との関係の強さなど定性的な要因を考慮し、1～2ノッチ（格付けの刻《きざ》み）の上乗せをしているとも述べた。

以上のようにみてくると、現在の総合商社、つまり総合事業運営・事業投資会社としての総合商社は、やはり世界できわめて稀《まれ》な業態であり、格付け会社も手を焼いてきたことがわかる。

しかし、曲折を経て、その業態の特性も格付け会社に理解されつつあり、それは投資会社とは一線を画《かく》するものである。総合商社が資源会社化しているという見方が実態にそぐわないのと同様に、総合商社が投資会社化しているという見方も、正確ではないことが改めて明らかになったと言えよう。

現在の総合商社は、やはり総合事業運営・事業投資会社なのである。

第5章

総合商社の「次」なる形

資源価格急落の衝撃

世界的にもめずらしい業態である現在の総合商社は、今後も淘汰されることなく隆盛を誇るのだろうか。あるいは、他業態に転換していく宿命にあるのか。本章では、この点を中心に考えていく。

その前に、近い将来の業界地図についての展望を述べよう。二〇一四年夏以降、原油価格を中心に資源価格が下落したことで、二〇一五年度（二〇一六年三月期）決算は各社、収益が激減した。特に、資源依存度の高かった上位2社の純利益はマイナスとなり、総合商社のランキングが大きく入れ替わったのは、「はじめに」でみたとおりだ。

資源価格は中国、インドなど新興工業国が経済発展を遂げるなか、上昇を続けてきた。中国のインフラ整備、工場・住宅建設のための需要拡大は目覚ましく、たとえば粗鋼《そこう》生産量は一九九六年に日本を上回り、世界第1位となったが、二〇一五年にはその約7倍に膨らんでいる。鉄鉱石、石炭、石油などのエネルギー需要も軒並み急増、資源価格は上昇し続けた。

二〇〇八年のリーマンショック後の先進国経済の停滞を、中国をはじめとする新興国の

図表18 資源価格の推移

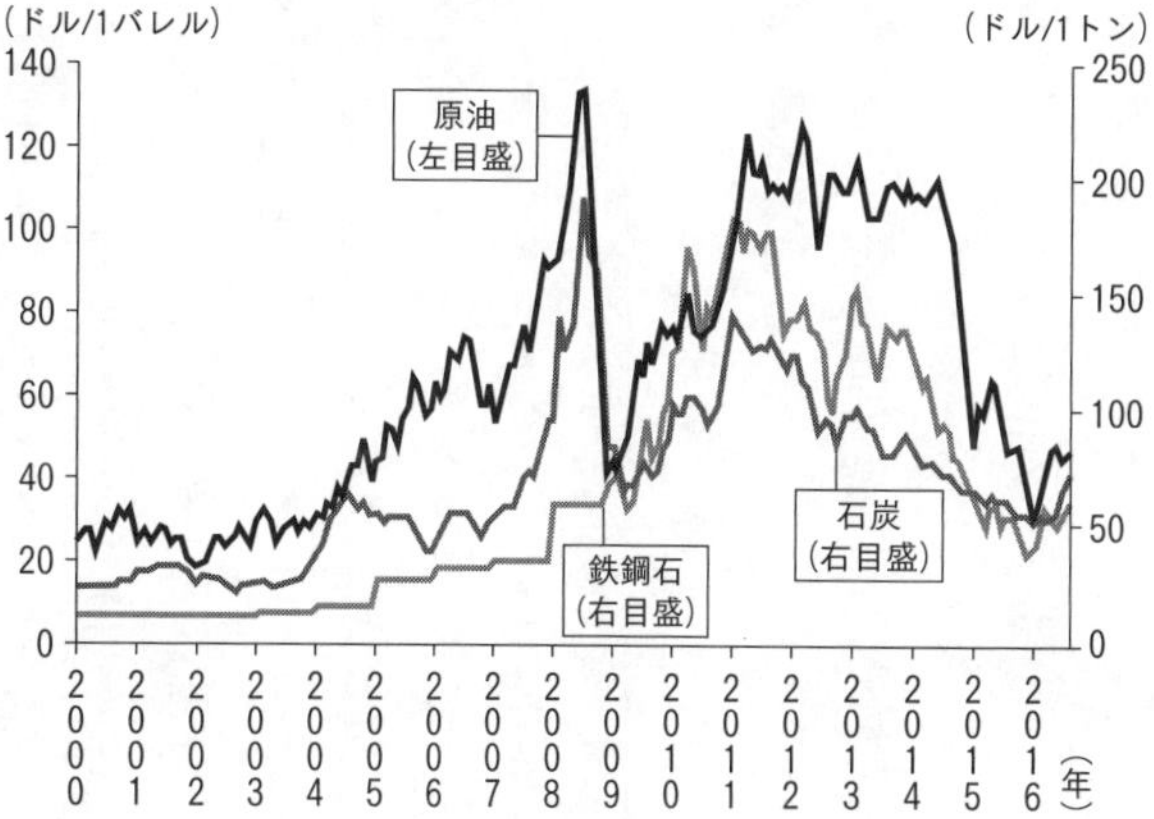

※原油は1バレルあたり、石炭・鉄鉱石は1トンあたりの価格

（IMFデータより作成）

成長が補《おぎな》ったため、資源価格は高止まりした。しかし、二〇一二年に中国の経済成長率が、中国共産党が目安とした8％を割ると、新興国が世界経済の成長を牽引する状況に翳《かげ》りがみえ、資源価格は下落に転じはじめた。

とりわけ原油価格は、二〇一四年六月の1バレル＝112ドルから二〇一六年一月には31ドルへと急落した（図表18）。鉄鉱石や石炭も、それ以前から下がりはじめていたが、やはり二〇一四年に軒並み低下の勢いが増した。

これら資源価格の下落が総合商社の利益を引き下げたのは、主として減損会計という会計手法が適用されたことによる。二〇一〇年代に入ってから、日本企業に新しい国際会計基準（International Financial Reporting Standards＝ＩＦＲＳ）の採用が広がった。総合商社も二〇一二年以降、順次これを採用しているが、そこでは減損損失が大きくなる傾向がある。

総合商社は、たとえば鉄鉱石の鉱山開発を行なう合弁企業に、多くの場合子会社を通じて、資源メジャーなどと共同で出資している。この場合、鉄鉱石の価格が下がると、鉱山の資産価値が低下するため、これを会計上に認識しなければならない。その処理が、最終的に総合商社本体の連結決算における純利益の減少として反映されるのだ。

今後の業界地図

とはいえ、資源価格下落は、総合商社の現在のビジネス構造を揺《ゆ》るがすほどのマグニチュードを持つものではない。だが、このような大きな減益ショックを、各社がどれだけ吸収することができるかは、事業運営・事業投資という新たなビジネスの構造がどれだけ各社に定着しているかにも依存している。その意味で、業界ランキングは常に変動する可能性を秘めている。

では、今回「下剋上《げこくじょう》」をはたした伊藤忠商事は、今後も首位を守れるのだろうか。

減損会計では、一度減損処理を行なえば、継続的に保有資産の価格が下がるといったことがない限り、次の期にまた損が出ることにはならない。二〇一六年三月期決算で赤字だった三菱商事、三井物産は、二〇一七年三月期には黒字に浮上する可能性が高い。実際、二〇一七年二月時点の純利益見込みは伊藤忠商事の3500億円に対し、両社はそれぞれ4400億円、3000億円となっている。伊藤忠商事は非資源分野の収益力が高いものの、資源価格の反転を受け、首位の座を再び三菱商事に明け渡すかもしれない（確定数字は二〇一七年五月に発表予定）。

ただし、企業の業績を純利益のみでみてよいかは疑問だ。IFRSでは、特に純利益がぶれやすい。減損の戻し入れが認められているから、資源価格が上がれば純利益は増加することになる。日本の会計基準や各社が二〇一〇年代初頭まで採用していたアメリカのSEC（証券取引委員会）基準では、こうした処理は認められていなかった。純利益だけによる評価は瞬間風速をとらえているにすぎないとも言える。

そこで、それ以外に注目すべき指標でみてみよう（図表19）。

まず、総資産規模や自己資本の厚みでは、三菱商事、三井物産が依然として余裕で業界1、2位を占めている。自己資本は、それぞれ伊藤忠商事や住友商事のざっくり2倍、1・5倍もある。ただし、株主資本利益率（Return On Equity＝ROE）では、資源価格下落の影響が顕在化する前の二〇一四年三月期決算でも、伊藤忠商事や丸紅が高く、少ない資本で効率的に稼いでいることがわかる。

純利益のみの評価に対し、近年注目されるのがキャッシュフローだ。二〇〇〇年代に入り、日本でも上場企業はキャッシュフロー計算書の作成が義務づけられるようになった。


（億円）

三井物産	三菱商事
-834	-1,494
5,870	7,001
109,105	149,163
33,797	45,925
-2.2［9.7］	-2.9［7.5］
0.95［0.83］	0.94［0.89］
A3（ネ）	A2（ネ）

はAaa、Aa、A、Baa、Ba、B、Caa、
格とされる。（　）内は次回方向

料、ムーディーズ資料より作成）

会計上の純利益がいかに大きくても、それは新規投資に回すことのできるキャッシュの大きさを示さない。

たとえば、連結決算では持分法適用関連会社からは出資比率に応じて会計上の利益を取り込めるが、実際はすべての利益がキャッシュイン

図表19　総合商社の財務関連指標

	伊藤忠商事	住友商事	丸紅
純利益	2,404	745	623
営業キャッシュフロー	4,194	5,997	3,591
総資産	80,364	78,178	71,177
自己資本	21,937	22,515	13,171
ROE（%）	10.4[13.0]	3.2[10.0]	4.39[16.7]
ネットDER（倍）	1.17[1.09]	1.23[1.30]	1.95[1.63]
格付け	Baa1（安）	Baa1（ネ）	Baa2（ネ）

※2016年3月期の連結ベース。純利益は、親会社株主に帰属する当期純利益
※ROEとネットDERの[　]内は、資源価格下落前の2014年3月期の数字
※格付けは、ムーディーズの2017年1月末時点の長期債務格付け。同社の格付けCa、C、Dの10段階で、さらに各段階に1、2、3が付される。Baa以上が投資適性を示し、（安）は安定的、（ネ）はネガティブ（格下げ方向）を示す

（各社決算資

するわけではない。また、減価償却費が大きい投資をした場合、会計上、利益は小さくなるが、手元のキャッシュは大きい。海外投資家は、会計上の利益よりもむしろ営業キャッシュフローをみているとすら言われる。

営業キャッシュフローをみると、赤字になった三菱商事や三井物産が、伊藤忠商事を上回っているのがわかる。三井物産は、資源ビジネスにおけるキャッシュフロー創出力が大きいと言われているが、二〇一六年三月期にもそれが表われている。

いっぽう、財務の健全性を示す数字として、ネットDER（ネット有利子負債倍率、51ページ）がある。これが低ければ、負債に比して自

己資本が厚いことを示し、万が一の時に債務超過に陥る危険性が小さく、リスクを取った投資ができる余裕がある。これも、三菱商事や三井物産は引き続き強い。

格付けはどうか。同図表で、両者はそれぞれA2、A3と相対的に強く、他の3社はBaa1、Baa2である。実は、赤字転落を受けて、三井物産は二〇一六年五月にA2から、三菱商事は同六月にA1から、ともに1ランク引き下げられたものだ。いずれも、資源部門の収益悪化が理由とされていた。そのいっぽうで、トップに躍り出た伊藤忠商事はBaa1のままである。

二〇一六年三月期は、瞬間風速的に、伊藤忠商事の純利益の高さが目立った。だが、冷静にみれば、依然としてかつての上位2社、とりわけ三菱商事の優位が揺るがない。これが、業界の近い将来の見取り図であると言えるだろう。

なぜ日本にだけ総合商社が成立したのか

総合商社の将来を占う出発点として、「なぜ日本にだけ総合商社が成立したのか」という疑問に立ち返ってみよう。

戦後の日本に総合商社の「原型」を成立させた条件は何か。この問いに、これまで多くの論者が答えようとしてきた。本書では第2章〜第4章で、戦前の商社の「総合化」や戦後の総合商社の形成を可能にした環境、さらに日本の総合商社を外国の商社と比べた場合の特徴をみてきた。筆者はこれらを考え合わせたうえで、総合商社の「原型」を成立させたのは、次の四つの条件であると考えており、これを総合商社の「存立条件」としたい。

条件1 国策的な必要性

幕末期、260年にわたる鎖国後、突然に開国が行なわれた。不平等条約下の居留地貿易において、外国商館に牛耳《ぎゅうじ》られていた輸出入を、日本人の手で行なう直貿易の実現は政府の悲願であった。外国人とコミュニケーションを取ることができ、世界の政治経済情勢を察知できる高度な人材が必要とされたが、このような人材を抱える集団として、中川敬一郎の提起した「組織化された企業者活動」が必要だった（97ページ）。

太平洋戦争後、管理貿易の終了にともなう自由貿易化に直面し、貿易を担う強力なエンティティ（組織体）が必要とされた。政府は貿易振興策とともに商社強化策を打ち出す。

総合商社はそうした要請に応《こた》えたうえ、鉄鋼資源開発を行ない、また各企業集団を取りまとめて、石油化学や原子力などの新産業の立ち上げをオーガナイズしながら、その地位を築いた。これらは、まさに欧米からの技術導入、欧米の生産力へのキャッチアップという国策に沿う働きだった。

条件2　メーカーによる直接輸出が困難だったこと

一般に、資本財の製造企業は規模が大きく、資金力に恵まれているので、自ら輸出のためのマーケティング組織を作ることができる。また、ユーザーの指導や相談、技術的な知識、修理やメンテナンスのサービスが必要となるため、商社などに輸出を任せにくい。

だが、日本の輸出の主力は、戦前は当初、生糸・絹織物であり、次第に綿糸や綿織物そして鉄鋼、機械も増加したが、結局、繊維製品が中心であった。戦後は、安定成長期に入り家電、自動車、精密機械などが増加していくが、総合商社の形成時点では繊維製品、鉄鋼、非鉄などの素材が輸出品の中心を占めていた。

さらに、極東に位置する日本の輸出先は欧米であり、商慣行が大きく異なるのはもちろん、言語の障壁も高かった。とりわけ戦前は、森川英正が指摘したように、大学や高等商業で学び商務・法務と外国語を身につけた「人材フル稼働」が必要だった（98ページ）。

少なくとも、戦前と終戦直後の日本の総合商社形成期には、メーカーが直《じか》に輸出を行なうことを困難にする、以上の条件が強く作用していた。

条件３　経済の急拡大

戦前は、第一次大戦にともなう好況で、総合商社設立ブームが引き起こされた。それまでの専門商社が三井物産というモデルへのキャッチアップを目指して総合商社化をはかり、いくつかの財閥が新規に総合商社を設立した。戦後も、復興期から高度成長期にかけての経済の急拡大により、関西五綿などの専門商社がやはり戦前の三井物産、三菱商事というモデルを追いかけて、総合商社化を目指すための環境が整った。

経済の急拡大は、需要の拡大という環境を形づくり、新たな商権獲得のチャンスを広げる。もし、持続的にパイが拡大するという条件がなければ、総合商社化のために新たな商権を広げていくことは難しかっただろう。

条件4　国内産業との深いかかわり

戦前の財閥系商社は、財閥企業に仕入先、販売先としての商権を確保しやすかった。戦後確立した総合商社も、６大企業集団のなかでいわゆるオーガナイザー機能を発揮する位置にあり、集団内企業との間で、トレードだけでなく多様なビジネスを展開することができた。

このように、総合商社には、国内産業との企業間取引における長期的コネクションが存在した。一般に、日本の企業間に長期的取引慣行が存在する（した）とも、とらえられる。これは、一九八〇年代のイギリスの多国籍商社と、それが国内産業とのつながりをほとんど持たなかった点で対比される。

失われつつある存立条件

だが、総合商社の「原型」を成立させた四つの条件はいずれも失われつつある。

総合商社の国策的必要性（条件1）は、現在および将来の日本にはほとんど存在しない。日本経済は、すでに一九八〇年代に欧米へのキャッチアップを終了したからである。

キャッチアップを目指した過程では、すでに成功したモデル、たとえば欧米先進国の産業構造があり、それらの産業を重点的に育成するといった産業政策は行なわれやすい。

しかし、キャッチアップ後には、欧米諸国と同じく「お手本」のない世界に踏み込むから、技術も産業構造も市場メカニズムによって模索せざるを得なくなる。「組織化された企業者活動」の出番はなくなるわけだ。

このような世界では、政府が市場よりも先行きを正確に見通せるはずはない、という考え方が強まり、産業政策はむしろ「政府の失敗」を招くものとされて、市場への介入は行なわれなくなる。日本でも、もはやその意味での産業政策は行なわれなくなっている。

輸出商品の差別化がしにくく輸出先の商慣行・言語の障壁が高いという環境（条件2）も、すでに崩れている。輸出品は、基本的には一九八〇年代から組立加工型製品が中心になっており、輸出先も、欧米や中国などにメーカーが直に輸出することが可能であり、現に行なわれている。

したがって、総合商社の輸出は、中小企業の製品に特化していく方向が残される。また、新興国が急成長を遂げている現状をみれば、先進国や東・東南アジア以外の多様な新興国向け輸出については、文化・言語障壁は高いから、総合商社の出番はその部分では拡大しているとも考えられる。

経済が急成長する環境（条件3）は、国内に関する限り、ほぼ完全に失われた。この事実は、急拡大する新興国ビジネスを取り込む方向が重要、という考えにつながっていく。

国内産業とのかかわり（条件4）も、次第に薄れてきており、今後もいっそう薄れていくと推測される。企業集団的紐帯《ちゆうたい》は集団により強弱があり、一般に旧財閥系ではまだ強く、戦後成立した銀行系3集団では相対的に弱い。

日本型の長期的取引慣行が弱まり、スポット取引が増加しているのも事実だ。総合商社サイドも、海外企業をパートナーとするケースが増えており、反射的に、国内企業との提携も企業集団内にこだわる必要性が低下している。

ただし、欧米諸国に比べれば、企業間の従来からの取引慣行が有意に存在し、いまだに貴重な財産であるのかもしれない。そうだとすれば、この関係を意識的にキープすることは、総合商社の将来の展開にとって一つのポイントとなる可能性があるだろう。

なぜ生き延《の》びることができたのか

このように「存立条件」が希薄化するなかで、総合商社は生き延びた。それどころか二〇〇〇年代以降、ますます隆盛の度を増した。

それは、総合商社がビジネスの構造を「総合事業運営・事業投資会社」に変化させることに成功したからだ。存立条件を失いつつあったために、生き残りをかけた変革に打って出ざるを得ない状況に追い込まれ、ピンチをチャンスに変えたとも言える。変革の結果、総合商社には総合事業運営・事業投資会社としての、他業態の企業への優位性が形成された。順に、みていこう。

第1に、事業分野の分散によるリスク許容力である。

これには二つの側面がある。まず、多くの事業分野を抱えているためにリスクの分散をはかることができる。つまり、どれかの事業に失敗した場合に損失を吸収できる。次に、不採算事業であっても、将来成長の見込みがある分野の事業を育成できる。言い換えれば、事業の懐妊《かいにん》期間の長期化を許容する力、すぐに収益は上がらないが将来性のある「健全な赤字部門」を抱える体力を持っている。

これらの点は、事業投資を軸に多様な総合製造・サービス業を展開する現在の総合商社が、投資のリサイクルを行なう場合の基盤を提供している。

第2に、収益源を発見・実現する力である。

これは、一つの業種を川上から川下まで知り、多くの収益機会に携わることによって、新たな収益源を発見する機会に恵まれるし、またそれを実現する力を持っていることを指す。さまざまな業種における、バリューチェーン（43ページ）の構築は、まさにその力の発現である。

第3に、ニーズやシーズを発見・事業化する力である。

総合商社は多くの事業分野をまたいだ収益機会にかかわっていることを基礎に、業種や事業分野を超えたニーズやシーズを発見するチャンスに恵まれ、それを事業化するノウハウを蓄積している。ネットワークによる情報収集力・分析力、事業運営ノウハウ、オーガナイズ能力、コンサルティング能力などが、その基礎にある。

多くの事業分野で多くの収益モデルに携わり、さらに内外のビジネスパートナーと接触する局面で情報を得て、そのなかからビジネスチャンスにつながる情報を選別する能力を備えている、と考えるべきである。これを駆使することで、コングロマリットディスカウント（208ページ）を乗り越えることが期待される。

二つの軸と四つの方向性

総合商社の業界団体である日本貿易会が二〇一一〜二〇一二年に行なった「総合商社原論特別研究会」は、これらの点を踏まえ、総合商社の将来を論じる際のポイントとして、二つの軸と四つの方向性を打ち出している（田中隆之二〇一二）。

第1の軸は、軸足をトレードに置くのか、事業運営・事業投資に置くのか。

事業運営・事業投資からの収益が増加するいっぽうで、トレードの重要性は変わらず、ますます重要の度を増している。事業投資が商権確保を通してトレードを支え、そのトレードが事業運営・事業投資による収益チャンスを広げるという相互関係が重要であるという考えである。いっぽう、やはりトレードこそが、バリューチェーンや業種を超えたビジネスチャンスに接する場であるとともに、人脈形成・人材育成を行なう場としても重要であるとする意見もある。

第2の軸は、軸足を日本に置くのか、海外に置くのか。発展する世界経済、とりわけ新興国のニーズを取り込むため、積極的に現地化の方向を強めていくべきという考えがある。そのいっぽうで、総合商社は日本の本部に決定権限を集中させているが、日本の産業・企業との取引に軸足を置くには、このスタンスが適合的であるという議論もある。

この二つの座標軸に沿って、同研究会では次の四つの方向性を指摘した（図表20）。

①「総合事業運営・事業投資会社」の強化：連結子会社を通した、多様な製造業・サービス業への進出と、事業投資会社化をさらに推し進める。

②海外における事業展開の強化：新興国の成長をうまく取り込むべく、海外での製造業・サービス業への進出を強化する。同時に、資源・エネルギーなどの海外事業投資（権益確保）をますます強めていく。

③基盤としてのトレードを維持：伝統的商品取引（トレード）は、以上の展開を支える基盤として引き続き重視されるべきであり、これを維持することも重要になる。その

範囲内で、中小企業製品の取り扱いや新興国への輸出を強めることができれば、商品取引それ自体を収益源として継続することも可能である。

④国内産業との関係を維持：従来の国内産業との関係をできるだけ維持することが優位につながる点も、軽視できない。

図表20
総合商社の二つの軸と四つの方向性

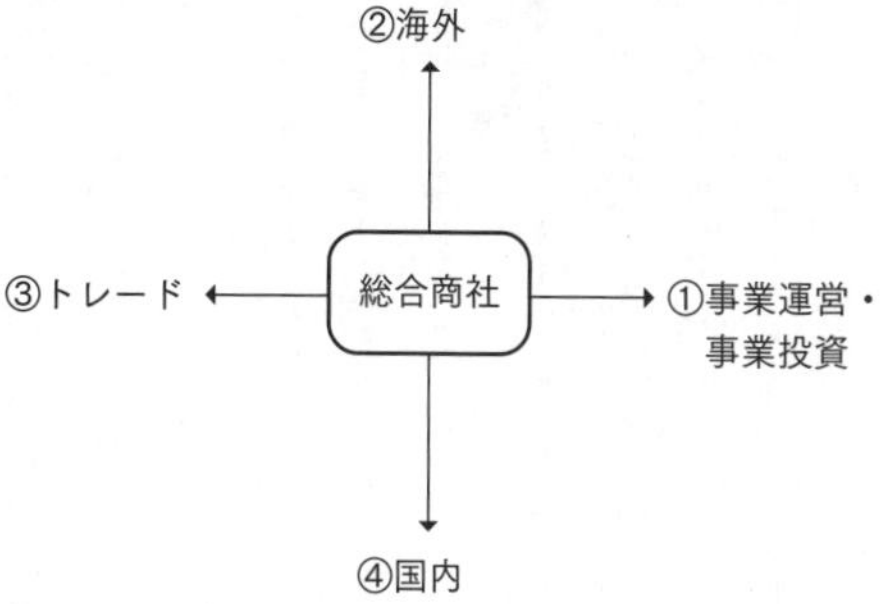

四つの方向性のうち、①と③、②と④はたがいに対立する性格を持つ。総合商社はこれまでは①および②の方向に動いてきたが、③および④の方向性も、現在の日本の総合商社を特徴づけている。

総合商社は現在、このようなたがいに対向する方向性の微妙なバランスの上に立っている。将来は、各社ごとに力点の置き方が異なっていき、「違った形の経営体に分化する可能性もないとは言えない」が、そこでの結論である。

総合商社の行方1　資源分野と非資源分野のバランス

この「総合商社原論特別研究会」の分析をたたき台にして、いよいよ総合商社の行方を探っていこう。一つ目の鍵《かぎ》は、今後の資源分野、非資源分野への展開である。

二〇〇〇年代以降の好業績下では、収益の7割程度（5社平均）が資源分野、すなわち金属、エネルギー部門から得られていた。業界では、こうした偏《かたよ》った構造からの脱却の必要性が強く認識されていた。

資源分野は、総合商社の伝統的なセグメント（部門）としては、金属と燃料にまたがるが、この分野でのビジネスを確立することが、ある意味で戦後、総合商社として認められるメルクマールであった。むろん、それだけではない多様な分野への展開が総合商社を総合商社たらしめていたが、資源部門を持たない商社は総合商社ではない、と言っても過言ではなかった。

だが、バブル崩壊とその後のリストラを経て、今世紀に入り、資源分野が好調を続けるなかでも、総合商社における非資源分野のビジネスへの展開はむしろ重要性を増してきていた。

たとえば、最近の総合商社の多くは、一九九〇年代までみられなかった「生活産業」と呼ばれるセグメントを立てている（52〜53ページの図表7）。その内容は、食品、小売、アパレル、メディアなど、従来から手がけていた分野であるが、いわゆるB to C（Business to Consumer＝個人相手のビジネス＝川下）を一括《ひとくく》りにしている点に、その戦略性がうかがえる。

非資源分野では、むろんこれまでの機械、化学品、インフラなど、B to B（Business to Business＝法人相手のビジネス＝川上）分野も引き続き重要だ。総合商社の決算報告や収益見込みの発表では、近年、純利益を資源分野と非資源分野に分けて示すのが慣例化している。これも、非資源分野の重要性が強く認識されていることの表われである。

こうした動きを簡単に言えば、総合商社のビジネスは、ロットのまとまった大口取引から、次第に小口の川下の取引に重点が移ってきたことになる。

資源価格の下落が現実のものとなって、総合商社各社は、戦略の検討を再度せまられることになった。戦略を見直すにあたり、たとえば三菱商事は「資源と非資源のバランスの見直し」を、伊藤忠商事は「非資源分野を中心とした成長戦略推進」をそれぞれ掲《かか》げ、非資源分野へのより重点的な経営資源の配分をうたっている。

もっとも、資源関連の比重がもっとも高いと言われる三井物産は、資源関連資産の売却はしない、と強気のスタンスを崩していない。非資源分野を強化するという方向性も打ち出しながら、資源分野からの撤退は考えていないわけだ。

実際、資源分野から明示的に撤退しない点は、各社に共通している。現状、資源の三井物産、非資源の伊藤忠商事、資源・非資源の双方に強い三菱商事という構図が鮮明だが、各社は今後とも事業分野の構成において、やはり資源・非資源のバランスを取っていくことになりそうだ。

そこでは、先にみた総合商社が持つ第1の優位性である、リスク許容力が重要になる。実際、二〇一四年夏からの資源安のなか、各社とも、非資源分野の利益が資源分野の不振をカバーした。たとえば、三菱商事は、二〇一六年三月期の純利益が１４９４億円の赤字だったが、非資源分野の２４８７億円の黒字が、資源分野の赤字３８０２億円を補った。

総合商社は、いずれ花開く「健全な赤字部門」を抱えるリスク許容力を現在のところ、持っており、そうである限り、資源部門を手放すことはなさそうだ。まして、現在（二〇一七年二月時点)、資源価格は再び上昇の兆《きざ》しがうかがえるので、なおさらであろう。資源分野は、高度成長期のように、資源を日本に輸入する開発案件が新規にどんどん現われるわけではない。したがって、既存の案件への投資を、口銭によるのではなく投資収益として直接回収する方法、つまり「事業投資会社」的な収益獲得の機能が、引き続き重要となる。

非資源分野への展開では、いわゆる川下部門への展開が重要であり、そこではきめ細かな収益獲得の戦略が必要になる。そこでは、第2、第3の優位性が力を発揮する。

一つには、同一の業種内で多くの収益源に携わることにより、収益源を発見し、収益を実現する、バリューチェーン戦略的な事業展開である。これについて、総合商社はすでにその展開のノウハウを蓄積している。

もう一つ、つまり第3の優位性は、多くの事業分野をまたいだ収益機会にかかわることで、ニーズ・シーズを発見し、事業化する力である。これは、いわゆるコングロマリット的な事業展開を行なう力と言えるが、重要なのは、そこから得られる情報を戦略的に分析し、部門間で共有することであろう。また、それを元に、案件を見極《みきわ》める目利《めき》きの力と、投資のリサイクルを適時適切に行なう力も重要性を増していくだろう。

さらに、非資源分野への展開は国内外で行なわれるが、国内で重要になるのが、他産業、他企業とのコネクションの強さである。

総合商社の行方2　国内産業との関係

二つ目の鍵として、この国内産業との関係維持について具体的に考えてみよう。

それには、戦後から現在に至るまでの企業集団の役割をはっきりさせておく必要がある。6大企業集団は一九六〇年代に確立したが、バブル崩壊後の金融危機を経て、一九九九年以降の金融再編で、各集団の幹事格だった銀行が3大メガバンクに統合された。その後も、各集団の社長会は継続、少なくとも形のうえでは6大企業集団は維持されている。

総合商社の取引は当初、企業集団のメンバー企業に依存していた。そのかかわりは、売り上げよりも仕入れで大きく、つまり、集団内企業の製品を集団外企業に販売するパターンが多かった（三井物産の例では、一九六一年上期時点での三井系集団所属企業との取引比率は仕入れで20・7％、売り上げで8・4％）。各社の集団内取引依存度は、高度成長期に上昇したが、オイルショック後には下落傾向に転じている。

企業集団の役割として注目されたのは、新興・成長産業への共同投資である。一九六〇年代以降、海洋開発、都市再開発、情報産業などで行なわれ、総合商社が各集団のオーガナイザーとして活躍した。さらに、海外石油開発では、総合商社が企業集団ごとの統括会社の筆頭株主になるなど、投資の主体となった。これらの事業は、総合商社に取引機会の拡大をもたらした。

だが、一九八〇年代以降、共同投資プロジェクトは低調になる。一九九〇年代にかけての衛星通信・放送事業では、伊藤忠商事・三井物産連合、日商岩井・丸紅・住友商事連合がそれぞれ企業集団の枠《わく》を超えて共同投資を行ない、企業集団の単位で対応したのは三菱系のみだった。

都市銀行に代わり、総合商社が取りまとめ役を引き継ぐなどして、企業集団そのものは存続している。だが、三菱商事の三菱系企業への取引依存度の低下が一九九〇年代に歯止めがかかったのに対し、非財閥系では関係が希薄化しているなど、結束の度合いはばらついている。

結局、6大企業集団は、崩壊しないままに「無機能化」に向かっている、というのが有力な見方である（田中彰二〇一二）。

そもそも、バブル崩壊後に多くの業界が再編を余儀なくされ、化学、セメント、紙パルプ、海運、保険などでは、金融に先行して合併、経営統合などの再編が行なわれた。その方向性は、企業集団からの自立だ。また、企業集団に属する企業は重厚長大型が多かったが、オイルショック後の産業構造転換で、その地位は低下した。各集団は消費財産業やサービス産業の有力企業を加入させているが、今や日本の成長企業は集団外に数多い。

このように、少なくとも高度成長期までは、直接的な商品取引上も、また共同投資によって取引拡大をはかるうえでも、企業集団の存在は総合商社にとって重要な役割を持った。しかし、おおむね一九八〇年代以降、企業集団自体が多くは形骸《けいがい》化ないし「無機能化」し、総合商社にとって積極的な役割が薄れている。

したがって、総合商社が国内企業との関係を維持するあり方は、一般通念で考えられるような企業集団的なつながりではない。ポイントは次の二つである。

第1は、国内の川下産業とのつながりの強化である。それらは、企業集団的な重厚長大産業、とりわけ川上に位置しロットの大きな素材産業とは対極の位置にある。今世紀になってから生活産業というセグメントでまとめた食品、小売、サービスなど、いわゆるBtoC産業の重要性が増した。バリューチェーン戦略に典型的にみられるような、商品取引と事業運営・事業投資の連携が重要になるだろう。

第2は、国内企業の資源・エネルギー関連輸入ニーズに引き続き応えることである。総合商社が進めるグローバルな事業運営や事業投資は、国内の産業とのつながりによって支えられている部分も大きいが、その典型がこの分野である。

たとえば、総合商社が海外の鉄鉱石鉱山への事業投資を行なう場合、その鉄鉱石の販売先はこれまでのところ、ほとんど日本企業である。LNGプロジェクトへの投資も同様である。かつてと違い、投資コストを鉄鉱石取引の口銭に含めて回収するのではなく、投資収益そのものから回収するようになっているが、安心して投資できるのは、自らそのプロジェクトを販売面から支えることが可能だからだ。

資源・エネルギーの確保は、「国益」につながるという側面もある。鉄鋼メーカーへの鉄鋼資源供給は、初発から企業集団を超えた共同開発で支えられてきたのも特徴である。

逆に、日本の総合商社が日本以外のユーザーに資源を供給するのは、最近では事例があるものの、やはりハードルが高い。

いずれにしても、この意味で国内企業との関係が重要であるのは、今後も変わらないだろう。

総合商社の行方3　事業運営・事業投資とトレードの関係

最後に、三つ目として事業運営・事業投資とトレードとの関係について、論じておきたい。「総合商社原論特別研究会」が打ち出した二つの軸のうち、事業運営・事業投資を強化するかトレードを維持するのか、にかかわる問題である。

そもそも投資は、商社にとってつきものと言ってよいほど、古くから行なわれてきた。

戦後、総合商社の「原型」は商権確保、つまりトレードからの収益を確実にすることを目的に投資を行なった。商権は、トレードの長期契約化に寄与し、典型的には資源関連分野への投資のリターンなどが口銭に含めて回収された。

しかし、新規の案件がなければ、商権は次第に風化するため、総合商社は投資のリターンを配当（投資収益）の形で回収する本格的な事業投資に向かった。

この間、総合商社は、ほぼ同じような経緯で、事業運営も本格化させた。鉱山運営など、資源メジャーなどの力を借りる案件を別にすれば、おおむね非資源分野において、部分的な株式所有を超えて事業の支配・運営を行なうようになった。

こうして、総合商社は今や「総合事業運営・事業投資会社」となった。その構造を改めて描写すると、総合商社は①トレード、②事業運営、③事業投資の三つを行なっており、②と③を①が支えている側面が強い、と言うことができる。

第4章で述べたように、格付け会社ムーディーズは、日本の総合商社をこのような事業体ととらえている。そして、彼らの分類を使えば、コモディティ商社、コングロマリット（多角的経営体）、投資会社の三つの要素が合わさったのが総合商社ということになる（次ページの図表21）。

一時期、総合商社を投資会社の一形態としてとらえようとしていたムーディーズが、こうした認識を示したことの意味は大きい。総合商社は、ひとまず資本市場に対し、その業態の存立の可能性を説明する拠《よ》り所《どころ》を得たと言ってよいだろう。

図表21
総合商社の三つの要素

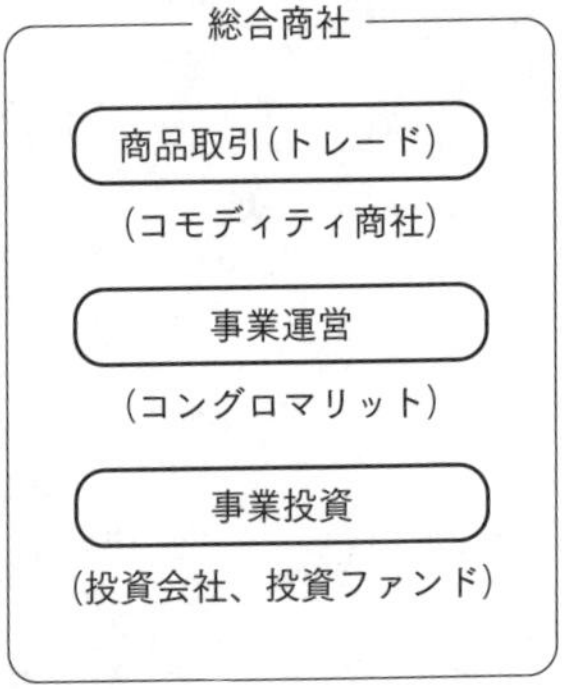

ただし、その構造が、かなり特殊なものであることに変わりはない。特に注目しておきたいのは、この三つの要素が総合商社のなかで部門をなしているわけではない点だ。むしろそれぞれの要素が、各セグメント（事業部門）のなかに渾然一《こんぜんいっ》体《たい》化しており、三つの要素を分割することは不可能である。

つまり、事業運営の部分、あるいは事業投資の部分が独立して存在し、それを切り離して売却することができる構造にはなっていない。さらに、事業投資の部分は、図表17（218～219ページ）で検討したように、通常の投資会社のなかにはみられないタイプであり、それ自体かなり特殊である。

三菱商事は、総合商社の特殊性、優越性を説明することに熱心であり、バリューチェーン戦略という概念も、もともとは同社が発信したものである。同社が、最近この三つの要素のなかで、とりわけ事業運営を強調しているのが注目される。二〇一六年五月の「中期経営戦略2018」がそれであり、そのなかで「『事業投資』から『事業経営』へのシフト」を掲げ、「事業に『投資』するだけではなく、事業の中に入り」「投資先の成長に貢献する『事業経営』を強化」するとうたっている。

脱資源、川下への進出の強化、という方向性と、事業運営を強調する方向性は、ある意味で一致している。総合商社の三つの要素のバランスについてあえて言えば、これが一つの方向ということだろう。

ただし、トレードの再強化とそのための投資を提案するアナリストもいる。商社内にも、そのような意見があるのであろう。長い目でみれば、これら三つの要素がそろってはじめて、総合商社は「総合事業運営・事業投資会社」としての総合商社である、という点は変わらないだろう。

ますます強まる特殊性

総合商社が日本に独自であるという事実は、ますます強まっている。

前述のように、戦後成立した総合商社の「原型」に、韓国をはじめアジア諸国が追随し、類似の企業を育成しようとしたこともある。しかし、そこから転換した「総合事業運営・事業投資会社」はもはや他国の追随を許さず、特殊なビジネスモデルであると言えよう。そのいっぽうで、それは国際的にも認知されつつある。

その位置を確認するために、各事業体の活動を、事業運営を行なうかどうかを横軸、投資を行なうかどうかを縦軸に取って示したのが、図表22である。それぞれみていこう。

総合商社の「原型」は、投資を行なったが、その目的は商権の確保であり、投資コストを商品取引の手数料（口銭）として確保するビジネスモデルだった。

「総合事業運営・事業投資会社」では、その投資コストを配当などの投資収益で直接回収するとともに、投資先の事業運営を行なって収益を得て、さらにベースとなる商品取引からも収益を得るビジネスモデルである。

これに対し、商品取引を主に行なうのが、コモディティ商社である。

専門商社は、機械、繊維、食品、建材など、それぞれの分野に特化した（あるいは特化の度合いが高い）商社を言い、コモディティ商社に完全に重なるわけではない。なかには、取引先との関係強化の投資を行なったり、事業運営に乗り出しているケースもあるか

図表22 総合商社の位置

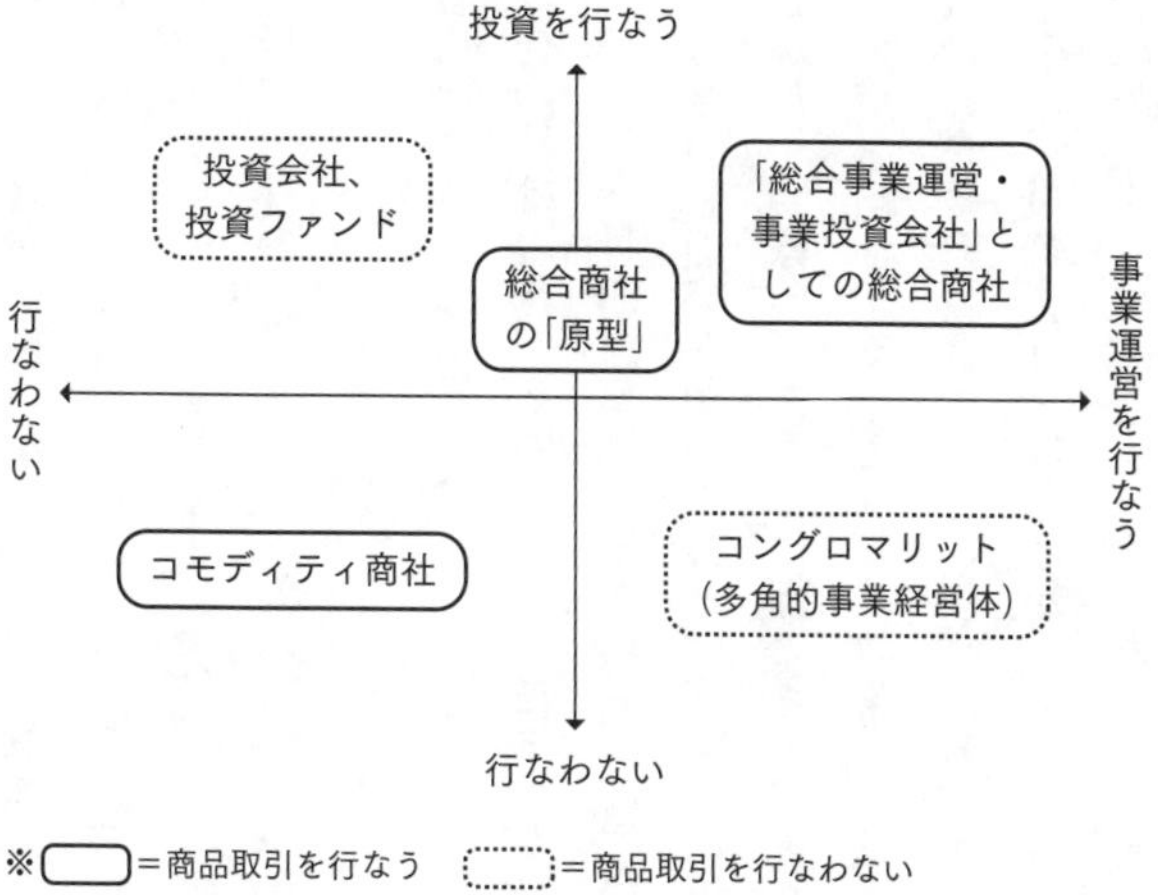

らだ。

いっぽう、投資会社、投資ファンドは商品取引とは無縁である。第4章でみたように、投資からの収益をさまざまな形で狙うものであり、その過程で事業運営に口を出す場合もあるが、最終的には投資からの収益、ないし撤退時の株式売却益の獲得が目的であるので、同図では事業運営を行なわないものとして、一つのカテゴリーにまとめた。

コングロマリットも、取引仲介とは無縁だが、さまざまな事業部門を抱えて事業運営を行なう。事業部門を獲得する際に投資を行なうが、その目的は事業運営であり、投資収益の獲得に重点がないという意味で、投資を「行なわない」位置に図示した。

このように、総合事業運営・事業投資会社としての現在の総合商社は、商品取引、事業運営、事業投資のいずれをも行ない、その意味で、コモディティ商社、コングロマリット、投資会社の要素をその内部に持つ事業体であることが、改めてわかる。

総合商社でなくなる可能性

総合商社は現在、そのビジネスモデルを脅《おびや》かされる状況に置かれているわけではない。二〇一六年三月期決算は、確かに資源部門に打撃を与えたが、それが各社の屋台骨《やたいぼね》を揺るがすほどのものでなかったことは、すでにみたとおりだ。

しかし、同様の、あるいは別のさらに大きなショックが加わった時、総合商社のなかには、事業を縮小するうえで、その業態を転換させていかざるを得ないものが出てくるかもしれない。その場合に、どのような方向が考えられるだろうか。

第1に、投資会社化はどうか。

先にみたように、そもそも現在の総合商社の持つ三つの要素は、各セグメント（部門）

のなかに渾然一体として体現化されており、セグメントを分割するような形で、事業投資の部分のみを総合商社に残し、それ以外を切り離すことはできない。

であれば、トレードと事業運営の部分が縮小していく形で、投資の部分が残ることはありうるだろうか。総合商社の投資は、トレードのための投資の必要性やトレードと事業運営の周辺での投資機会の発見に支えられている。したがって、投資の部分が単独で残り、たとえば投資信託のような投資を行なう企業に転化していくことは考えられない。

第2に、資源会社化はどうだろうか。

すでに論じたように、日本の総合商社がいくら海外の鉱山の権益を持っているといっても、実際の操業は海外の合弁相手企業、つまり資源メジャーや国際石油資本に任せているのが実情だ。この道も、ほとんどあり得ないと言ってよい。

第3に、事業運営の部分が独立的に肥大化する可能性はどうだろうか。

つまり、商品取引から製造業、非製造業などへの転換であるが、その場合、トレードを抜きにしたコングロマリット的な展開は、なかなか難しそうだ。トレードの基盤があり、バリューチェーンにつながれた部分での事業展開は、生産性向上やコスト削減の点でシナジー効果を発揮すると思われるが、それがない場合には、かえって資本市場のコングロマリットディスカウントを誘いかねない。

とはいえ、いくつかの厳選された事業への集中の結果、製造業、非製造業に転じることはありうるだろう。一九八〇年代にイギリスの多国籍商社のいくつかが製造業に転じたことからも、その可能性は考えられる。ただ、日本の総合商社は、イギリスの多国籍商社と異なり、商品取引を通じた国内企業との結びつきが強いことからも、商品取引を最初に捨てるという展開は、あまり現実的ではないだろう。

第4に、専門商社化の道はどうだろうか。

これは、経営を縮小する場合の手段として、もっとも考えやすい。一九九九年に兼松は総合商社の看板を下ろしたが、電子・IT、食品・食糧、鉄鋼・機械プラント、環境・素材の4部門に経営資源を集中している。イギリスの多国籍商社だったインチケープグループが自動車専門商社になっているのも、その例である。

このようにみてくると、総合商社の将来は意外に限られる。現在のビジネスモデルがうまく発展していくことが望ましいが、それがうまくいかない場合は、やはり原点の商品取引に戻る、というのが現実的な姿である。

今後の課題

とはいえ、総合商社の将来はけっして暗いわけではない。トレード、事業運営、事業投資を三つの輪とする業態として、国際的にも認知されつつあるように思われるからだ。今後、総合商社が業態として生き残り、さらに発展していくために、何が必要だろうか。すでに論じてきたことを、改めて課題としてまとめておこう。

第1に、当面積極的に進めていく必要があるのは、非資源分野である。とりわけ、国内の「川下」へのきめ細かな展開であろう。これには、国内企業との関係が重要になるが、バリューチェーンをしっかりとらえつつ、多くの企業との新しい関係を構築することが必要になるだろう。

第2に、資源価格が下落するなかでも、資源・エネルギービジネスへのかかわりを維持することが必要である。戦後総合商社の「原型」時代と違い、投資コストを口銭で回収するビジネスモデルから、すでに脱却している。しかし、投資収益を配当などの形で直接に回収しているにしても、その投資が関連取引先との関係強化の役割をはたしていることが引き続き重要だ。

むろん、各社はこれまでの権益を手放すことはしないだろう。このような大規模な形で関係強化の投資ができること自体が、総合商社の強みであると言える。

第3に、日本企業一般に言えることだが、成長率の高い新興国、途上国のニーズや需要を取り込むことが必要である。これを総合商社で考えた場合、資源・エネルギービジネス以外の分野で、トレードとも結びついた事業運営・事業投資をどれだけ強化できるかが、一つのポイントとなるだろう。

第4に、日本の総合商社という業態を、国際的に認知させるための情報宣伝活動を引き続き行なっていくことが重要である。格付け会社にトレード、事業運営、事業投資の3要素を軸とするビジネスモデルを認めさせたことは大きな進歩だが、そのビジネスモデルを体現する企業は世界に七つしかない。

確かに、総合商社7社は選択と集中の結果、抱える事業分野は「金太郎飴」ではなくなってきており、これからもさらにばらつく可能性がある。しかし、そうであればあるほど、資本市場から単なるコングロマリットとみなされないように、この業態の特殊性と優位性をアピールし続ける必要がある。

各事業分野の前線で、おたがいに激しい競争を行なうことは当然であり、必要でもある。だがそのいっぽうで、各社はがっちりとスクラムを組み、世界に希有なビジネスモデルが現に業態として成り立っていることを示し続けなければならない。

これらの課題の克服は、総合商社にとってけっして不可能なことではない。環境変化を先取りして適応する能力、自らのビジネスモデルを変化させる能力が高いからだ。各社は、これまでも戦後日本経済を揺るがすいくつかの困難、すなわちオイルショック、円高、バブルの崩壊、グローバル・スタンダードの到来などの外生的なショックに対応し、適応して道を切り開いてきた。その結果が、現在の総合事業運営・事業投資会社としての総合商社である。

「自己変革のＤＮＡ」を受け継ぎ、困難に前向きに立ち向かう気質を失わない限り、総合商社の行方は、未来に向かって開かれている。

おわりに

筆者は、二〇一〇～二〇一一年度に日本貿易会が行なった「総合商社原論特別研究会」に、主査として参加した。その研究結果は、『総合商社の研究』として二〇一二年三月に出版されたが、それから5年近くが経過している。本書では、その研究成果を出発点に、その後の情勢変化を踏まえて議論を発展させた。

二〇一一、二〇一二年という年は、総合商社の復活、隆盛を受けて研究熱が高まったためか、総合商社を題材とした良書が数多く出版されている。たとえば、『総合商社の歴史』(大森一宏・大島久幸・木山実編)、『戦後日本の資源ビジネス』(田中彰)、『総合商社論』(榎本俊二)などだ。本書では、これらの研究の成果も参考にした。出版にあたっては、祥伝社新書編集部の飯島英雄氏にお世話になった。記してお礼を申し上げる。

総合商社の研究は、異なる三つの分野で行なわれてきた。①日本の学界(経済史、経営史)における戦前、戦後を対象とした商社研究、②エコノミストや証券アナリスト、ジャーナリストなどによる商社の業界調査・分析、③「国際比較経営史」とも呼ぶべき分野のグローバルな商社史研究、である。筆者は常々《つねづね》、③はともかく、①②の研究者間にほとんど交流がないことを残念に思っている。

金融の世界には、日本金融学会、日本ファイナンス学会などの学界があり、そこには金融論、金融史を研究する学者と金融機関に勤務する実務家、エコノミストが参加し、おたがいの知見を深め合っている。

商社研究の場でも、歴史研究者や経営学者が現場に近い研究者の問題意識を知り、逆に現場に近いエコノミストやアナリストが歴史的・理論的視点に接することは有意義であろう。そのような相互交流の場が生まれることを願いつつ、筆を擱《お》くことにする。

筆者記す

参考文献

秋本育夫「貿易商社」『近代日本貿易史 第2巻』有斐閣 一九六一年
石井寛治『日本流通史』有斐閣 二〇〇三年
井上宗迪『総合商社――情報戦略と全体像』TBSブリタニカ 一九八三年
内田勝敏「戦後の日本貿易と貿易商社(I)――管理体制下の貿易と貿易商社」『同志社商学』22(2) 一九七〇年
榎本俊一『総合商社論』中央経済社 二〇一二年
大島久幸「商社ブームと破綻」『総合商社の歴史』関西学院大学出版会 二〇一一年
大島久幸「商社」『日本の産業と企業』有斐閣 二〇一四年
大木保男『総合商社と世界経済』東京大学出版会 一九七五年
大森一宏・大島久幸・木山実編著『総合商社の歴史』関西学院大学出版会 二〇一一年
岡部桂史「戦時体制と総合商社」『総合商社の歴史』関西学院大学出版会 二〇一一年
春日豊『帝国日本と財閥商社』名古屋大学出版会 二〇一〇年
桂芳男『総合商社の源流 鈴木商店』日本経済新聞社 一九七七年
加藤慶一郎「江戸時代から明治初年の貿易」『総合商社の歴史』関西学院大学出版会 二〇一一年

川辺信雄「商社」『戦後日本経営史 第Ⅲ巻』東洋経済新報社 一九九一年
橘川武郎「戦後型企業集団の形成」『日本経済の発展と企業集団』東京大学出版会 一九九二年
木山実「商社『冬の時代』の再来と『夏の時代』への転換」『総合商社の歴史』関西学院大学出版会 二〇一一年
小西高弘・徐涛「中国版総合商社とアジア経済統合」『福岡大学経済学論叢』50(4) 二〇〇六年
小浜裕久「韓国の総合商社――その現状――日本の総合商社との比較において」『世界経済評論』25(1) 一九八一年
柴垣和夫『日本金融資本分析』東京大学出版会 一九六五年
ジェフリー・ジョーンズ著、坂本恒夫・正田繁監訳『イギリス多国籍商社史 19・20世紀』日本経済評論社 二〇〇九年
武田晴人『財閥の時代』新曜社 一九九五年
田中彰『戦後日本の資源ビジネス』名古屋大学出版会 二〇一二年
田中隆之『総合商社の研究』東洋経済新報社 二〇一二年
辻節雄『[新版]関西系総合商社』晃洋書房 二〇〇〇年
中川敬一郎「日本工業化過程における〈組織化された企業者活動〉」『経営史学』2(3) 一九六七年
長廣利崇「総合商社としての三井物産の確立とその他の商社の活動」『総合商社の歴史』関西学院大学出版会 二〇一一年

新美一正「連結企業グループの経営分析」『Business & Economic Review』11月号　二〇〇七年
日経ビジネス編集部『商社——冬の時代』日本経済新聞社　一九八三年
日本貿易会三十年史編纂委員会編『日本貿易会三十年史』日本貿易会　一九八〇年
日本貿易会50年史編纂委員会編『日本貿易会50年史』日本貿易会　一九九八年
ノ・ソンホ「韓国の総合商社の昨日と今日」『日韓経済協会協会報』2月号　一九九八年
橋本寿朗「総合商社発生論の再検討」『社会科学研究』50(1)　一九九八年
橋本寿朗・武田晴人・法政大学産業情報センター編『日本経済の発展と企業集団』東京大学出版会　一九九二年
林周二『流通革命』中公新書　一九六二年
平井岳哉『戦後型企業集団の経営史』日本経済評論社　二〇一三年
藤田幸敏「直輸出の開始と大商社の登場」『総合商社の歴史』関西学院大学出版会　二〇一一年
前田和利「戦後総合商社史ノート」『経営・会計の現代的課題』白桃書房　一九八八年
美里泰伸『総合商社の崩壊』番町書房　一九八四年
御園生等「総合商社は斜陽であるか」『週刊エコノミスト』39(21)　一九六一年
光定洋介編著、白木信一郎著『[完全版]投資ファンドのすべて』金融財政事情研究会　二〇一四年
三菱商事株式会社編、堀口健治・笹倉和幸監修『現代総合商社論』早稲田大学出版部　二〇一一年

宮崎卓朗「アメリカ「1982年輸出商社法」と商社育成」『佐賀大学経済論集』22(6) 一九九〇年
宮本又次・栂井義雄・三島康雄編著『総合商社の経営史』東洋経済新報社 一九七六年
三和良一『概説 日本経済史 近現代［第3版］』東京大学出版会 二〇一二年
持株会社整理委員会調査部第二課編『日本財閥とその解体』持株会社整理委員会 一九五一年
森川英正「総合商社について」『経営志林』8(3) 一九七一年
森川英正「総合商社の成立と論理」『総合商社の経営史』東洋経済新報社 一九七六年
山崎広明「日本商社史の論理」『社会科学研究』39(4) 一九八七年
吉原英樹「国際的にみた総合商社の経営史」『国民経済雑誌』156(6) 一九八七年
米川伸一「総合商社形成の論理と実態」『一橋論叢』90(3) 一九八三年
Feldenkirchen, Wilfried “The Export Organization of the German Economy” in Business History of General Trading Companies, University of Tokyo Press, 1987
Gordon, Jeffery N “The Rise of Independent Directors in the United States, 1950-2005: Of Shareholder Value and Stock Market Prices,” in Stanford Law Review 59(6), 2007
Porter, Glenn “Economics, Politics, and Culture: Roots of the Decentralized Organization of Foreign Trade in American Industrialization,” in Business History of General Trading Companies, University of Tokyo Press, 1987

切りとり線

★読者のみなさまにお願い

この本をお読みになって、どんな感想をお持ちでしょうか。祥伝社のホームページから書評をお送りいただけたら、ありがたく存じます。今後の企画の参考にさせていただきます。また、次ページの原稿用紙を切り取り、左記まで郵送していただいても結構です。

お寄せいただいた書評は、ご了解のうえ新聞・雑誌などを通じて紹介させていただくこともあります。採用の場合は、特製図書カードを差しあげます。

なお、ご記入いただいたお名前、ご住所、ご連絡先等は、書評紹介の事前了解、謝礼のお届け以外の目的で利用することはありません。また、それらの情報を6カ月を越えて保管することもありません。

〒101－8701（お手紙は郵便番号だけで届きます）
祥伝社新書編集部
電話03（3265）2310
祥伝社ホームページ　http://www.shodensha.co.jp/bookreview/

★本書の購入動機（新聞名か雑誌名、あるいは○をつけてください）

＿＿＿＿新聞の広告を見て	＿＿＿＿誌の広告を見て	＿＿＿＿新聞の書評を見て	＿＿＿＿誌の書評を見て	書店で見かけて	知人のすすめで

★100字書評……総合商社

名前

住所

年齢

職業

田中隆之　たなか・たかゆき

専修大学経済学部教授、博士（経済学）。1957年、長野県生まれ。1981年、東京大学経済学部卒業、日本長期信用銀行入行。同行調査部ニューヨーク駐在、市場企画部調査役、長銀総合研究所主任研究員、長銀証券投資戦略室長チーフエコノミストなどを経て、2001年より現職。2012年より１年間、ロンドン大学東洋アフリカ研究学院客員研究員。専門は日本経済論、財政金融政策。著書に『「失われた十五年」と金融政策』（日本経済新聞出版社）、『金融危機にどう立ち向かうか』（ちくま新書）、『総合商社の研究』（東洋経済新報社）など。

総合商社《そうごうしょうしゃ》
――その「強《つよ》さ」と、日本企業《にほんきぎょう》の「次《つぎ》」を探《さぐ》る

田中隆之《たなかたかゆき》

2017年3月10日　初版第1刷発行
2017年6月15日　　　第2刷発行

発行者……………辻 浩明
発行所……………祥伝社《しょうでんしゃ》
〒101-8701　東京都千代田区神田神保町3-3
電話　03(3265)2081(販売部)
電話　03(3265)2310(編集部)
電話　03(3265)3622(業務部)
ホームページ　http://www.shodensha.co.jp/

装丁者……………盛川和洋
印刷所……………堀内印刷
製本所……………ナショナル製本

Printed in Japan　ISBN978-4-396-11498-5　C0234

〈祥伝社新書〉
経済を知る

424
AIIBの正体
アジアインフラ投資銀行は世界の構造をどう変えるのか。日本はどうすべきか
信州大学教授
真壁昭夫

483
水素エネルギーで甦《よみがえ》る技術大国・日本
水素を制する国は、世界を制す！ 米中より優位に立つ日本が取るべき道とは
技術評論家
森谷《もりたに》正規《まさのり》

394
ロボット革命 なぜグーグルとアマゾンが投資するのか
人間の仕事はロボットに奪われるのか？ 現場から見える未来の姿
大阪工業大学教授
本田幸夫

477
民泊ビジネス
インバウンド激増によりブームとなった民泊は、日本経済の救世主か？
不動産コンサルタント
牧野知弘

478
新富裕層の研究 日本経済を変える新たな仕組み
新富裕層はどのようにして生まれ、富《とみ》のルールはどう変わったのか？
経済評論家
加谷《かや》珪一《けいいち》

〈祥伝社新書〉
歴史に学ぶ

366
はじめて読む人のローマ史1200年
建国から西ローマ帝国の滅亡まで、この1冊でわかる！
早稲田大学特任教授
本村凌二

361
国家とエネルギーと戦争
日本はふたたび道を誤るのか。深い洞察から書かれた、警世の書！
上智大学名誉教授
渡部昇一

379
国家の盛衰
3000年の歴史に学ぶ
覇権国家の興隆と衰退から、国家が生き残るための教訓を導き出す！
渡部昇一
本村凌二

448
東京大学第二工学部
なぜ、9年間で消えたのか
「戦犯学部」と呼ばれながらも、多くの経営者を輩出した〝幻の学部〟の実態
ノンフィクション作家
中野　明

460
石原莞爾の世界戦略構想
希代の戦略家であり昭和陸軍の最重要人物、その思想と行動を徹底分析する
日本福祉大学教授
川田　稔